シリーズ 子育てと健康 27

育つ力と育てる力

乳幼児の年齢別ポイント

丸山美和子
(佛教大学教授)

大月書店

育つ力と育てる力◆目次

1 〇歳児のポイント——29

②一歳児のポイント——61

③ 二歳児のポイント——85

4 三歳児のポイント——101

●装丁・レイアウト——渡辺美知子
●カバー・本文イラスト——オノビン
●章扉イラスト——近藤未希子

はじめに　子育てで大切にしたいこと

　子どもが生まれたとき、ほとんどのお父さんお母さんは、大きなよろこびをもってそれをうけとめます。そして、その子どもをちゃんと育てていこうと決意します。子どもは、とてもかわいい存在です。でも、子育てが始まってみると、いつもかわいいばかりではありません。泣き続けることも、駄々をこねることも、反抗することもあります。子育ては基本的にはとても楽しいものなのですが、ときには、どうしていいかわからなくなったり、疲れてしまったりすることがあるかもしれません。

　子どもは日々発達していく存在です。そのプロセスの中で、いろいろな姿を見せてくれます。いつもよい子で、親にとって育てやすい子どもなんていません。子ども自身、おとなになるためには、さまざまな山や谷を乗り越えていかなくてはならないからです。

　親にとって、子どもが成長していく姿を見ることは、とても楽しくよろこびを実感するものです。でも、その育ちに見通しが持てなくなると、子育てが負担に感じられたり、自分の子育てに自信が持てなくなったり、不安になったり、子どもとどうかかわったらよいのかわからなくなったりすることもあります。そんなときに、この本を読んでいただければと思います。

この本は、保護者の方が、子どもの発達のみちすじを理解しながら子育てができるように、〇歳児から五歳児までの子どもの発達のみちすじと、その時々の子育てにおいて大切にしてほしいことを、年齢別にまとめたものです。

最初に、どの年齢においても基本的に大切にすべきことを整理しておきました。そのあと、年齢別に発達の特徴と子育ての課題を述べています。その中で、「はじめに」の中で述べる子育てで大切にしたいことの具体的な内容について、より詳しく紹介するようにしています。この場合の年齢は、「…歳児」と表記した場合は学年齢です。実際の目の前の子どもの生活年齢（実際の子どもの年齢）とは少しずれるかもしれません。「…歳」と表した箇所は生活年齢を意味しています。

年齢別のところは、読みやすいように、項目ごとにたくさんの小見出しをつけました。最初から順番に読まなくても、気になる年齢、気になる項目から読めるように構成しています。そのために、内容が重複して出てくる部分も若干あります。その部分は、特に大切なこととして読み取っていただければ幸いです。

なお、おとなと子どものことばを区別するために、原則として、子どものことばはカタカナ表記にしました。読みづらさを避けるために、可能なところは漢字も用いることにしました。子どもが話したことばは、漢字とカタカナ表記です。ただ、子どもが実際に口にしたことばではなく、このように考えているのではないかと私が推察した部分は、通常の漢字とひらがな表記となっています。

乳幼児期は、子どもの発達にとってとても大切な時期です。一生のうちで最も発達的変化の速度が速く、可塑性《かそ》が大きい時期です。子どもの人格形成の土台が培《つちか》われていくときと言ってもよいでしょう。思春期・青年期を見とおしたとき、乳幼児期の子育てでどうしても大事にしなければならないことがあります。本書では、それを、子どもの発達の説明と合わせて述べていきます。

乳幼児期の子育てを楽しく、しかも子どもの発達にとって大切なことは外さずにがんばってほしいと思っています。

最初に、すべての年齢において、子育てで大切にしなければならないことを述べておきます。

乳幼児期の子どもは、毎日の生活と遊びの中で、体と心と頭を発達させていきます。ですから、毎日の生活と遊びを豊かなものにすることが、乳幼児期の子育ての基本です。

1　規則正しい生活を

子育てで最も大切なことのひとつは、生活リズムを整え、規則正しい生活を保障することです。なかでも重要なのは、早寝早起きと十分な睡眠の保障です。これは脳の働きと非常に深い関係があります。

最近、夜更かしの子どもがとても増えているようです。「成長期の子どもには早寝早起きが大事」という認識が、社会全体で崩れてきているように思います。親に連れられて、あるいは一人で、たくさんの子どもたちが夜の街にあふれています。子どもの生活リズムが乱れている状況は、子どもの発達保障を考えていくうえでとても危険なことなのです。

なお、生活リズムを確立するためには、睡眠のリズムだけではなく、昼間起きているときの活動のリズムも整えなければなりません。そのためには規則正しい日課の確立が重要になります。日課を確立することにより、子どもは生活の見通しを持つこともできます。幼い子どもの行動の見通しは、「あれをしてからこれをして」とことばで説明されることで理解されるのではなく、毎日の日課の繰り返しの中で、行動を通して成立すると考えられます。

また、子どもの発達を考えるとき、食生活への配慮も欠かせません。食事というのは栄養の源です。子ども時代は特に、脳の活動と発達にかなり多くの栄養を必要としています。また、乳幼児期の食事は子どもの体づくりの基礎にもなります。つまり、子どもの体の成長のためにも、脳の発達のためにも、規則正しく栄養のバランスのとれた食事を楽しく食べるという生活を保障することが必要なのです。

乳幼児期に食事のリズムや内容を崩してしまうと、偏食につながっていきます。結果的には、子どもたちの将来の食生活にまで影響が及びます。おやつの食べ過ぎや、不規則な食事、好きな物を好きな時間に口にするというような生活は、偏食を作りだしていきます。栄養のバランスのとれた食事を規則正しく摂る生活の確立に配慮しましょう。

乳幼児期においては、生活の中で「眠る」ことと「食べる」ことが規則正しく十分に保障されることが、遊びなどの活動を豊かにする条件になります。早起き・早寝の睡眠リズムを確立し、食生活にも配慮しながら、規則正しい日課で生活することを基本的なこととして大切にしましょう。

2　遊びを豊かに

乳幼児期の子育てでは、生活リズムを整えたうえで、遊びを豊かにすることが重要です。特に、体と手をしっかり使った楽しい遊びの保障が不可欠です。

いまの子どもたちは、姿勢が悪い、筋力が弱い、持久力がないとよく言われます。その原因のひとつとしては、赤ちゃんのときから運動不足が累積しているということが考えられます。たとえば、ハイハイをすることが大切な時期に歩行器に入っていたり、しっかり歩いてほしい時期にバギーに乗っていたり、足で走り回って遊んでほしい時期に自転車に乗っていることが多かったり…。そういうことがずっと積み重なっているのではないでしょうか。特に今日の住宅事情においては、一般的に生活空間が狭いために、からだを動かすことがどうしても少なくなりがちです。体を使った遊びを子どもに意識的に保障していかないと、子どもたちの体は育っていきません。

子どものからだづくりは、脳の働きを支えるうえでもとても大事なことです。姿勢を支える筋肉を総称して抗重力筋と言いますが、その筋肉が弱いと、大脳の活動レベルが低下すると言われています。極端な場合には、大脳が萎縮していくこともあるそうです。遊びの中でしっかり体を動かすことは、脳の働きを育てるためにも大切なのです。具体的な内容はこのあとの年齢別のところで述べたいと思います。

また、遊びの中で、しっかり手を使うことも大切な課題です。最近の子どもたちは不器用だと言われています。子どもの不器用さについては、実は、今のおとなが子どものころから指摘されていました。日本が高度経済成長の時代に入った一九六〇年代中ごろから「最近の子どもは不器用だ」ということが言われ始めました。子どもを取り巻く物質文化と生活様式が急激に変化し、生活や遊びの中で手を使うことがとても少なくなったからです。

具体的にはそのころ、小学生になってもナイフで鉛筆が削れない子どもがいるということが話題になりました。七〇年代には小学校高学年になっても包丁をうまく使えない子どもが目立つようになり、「リンゴの皮がむけない子」という表現がされました。八〇年代に入っても、さまざまな実態調査がなされるなかで、子どもの手の不器用さの深刻な状況が報告されてきました。マスコミなどでも社会問題として取り上げられたほどでした。

今、その八〇年代に育った人たちがおとなになって、お母さんやお父さんや保育者や教師になっています。つまり、不器用だと言われていた人たちが子育て世代になっているのです。子育てをするおとな自身が不器用で、お箸の使い方が下手だったり、道具をうまく使えなかったりという状況があります。生活が便利になったなかで、子どもの手の力を育てるということに関する親の意識は、全体に希薄になってきている気がします。子どもには、小さなものをつまむ経験をさせたり、生活の中でいろいろな道具を使わせたりということを、できるだけ意識的に追求していく必要があるのではないでしょうか。

今の生活は、指先でボタンを押すだけで、いろいろなことができるようになっています。不器用でも生活には不自由しません。でも、人間の手は「突き出た大脳」と言われるほど、脳の働きと深い関係があることがわかっています。しっかり手を使う活動を子どもに保障したいものです。放っておくと、子どもの手はますます不器用になると思われます。それは脳の働きの低下につながっていく危険性をはらんでいるのです。子どもの手の操作性を高めるような、楽しい活動を工夫していきたいものです。

ところで、毎日の生活が笑顔にあふれていることは、子どもの発達を考えたときにとても大切なことです。「笑顔の獲得」については、○歳児のところで詳しく説明したいと思っていますので、ここでは、子どもとおとなが笑顔と笑い声を共有することの大切さについて述べておきます。

私は以前、発達相談の仕事に携わっていました。子どもの発達や子育てについて保護者の方の相談を受けるとき、私が家庭での様子を知るために必ず聞くことがありました。それは、「おたくの子どもさんが、楽しそうに声を出して笑っているのはどんなときですか?」という質問です。子どもが楽しそうに遊んでいる場面、しかもおとなと子どもが笑顔と笑い声を共有しているような場面をイメージしてもらいたいからです。そのときお父さんやお母さんが語られた場面の活動が、子どもの発達に必要なものであれば、「その遊びを、今は大事にしましょう」と助言することができます。子どもにとって必要な遊びの内容を具体的にイメージしてもらうための質問です。でも、ときどきとてもさみしい答えがあります。「テレビを見ているときには、よく笑います」と言われる方がけっこう多いのです。テレビのような機械との関係ではなく、人との関係の中で、他者と一緒に笑うことを大切にしてほしいと思っています。

なかには、「兄弟と一緒に遊んでいるときには、よく笑っている」と話してくださる方がいます。兄弟がいると、子ども同士の関係の中で遊びが発展していきやすいので、そういうことは多いと思います。その点では、兄弟がいるということはよいことです。でも、それだけではなく、やはりお父さんやお母さんと一緒に笑う時間も大切にしてほしいのです。お父さんやお母さんと一緒に笑う時間が毎日少しでもあることが、子どもにとってはとても大事なことなのではないでしょうか。

以前、相談に来られたお母さんの中で、私に大切なことを考えさせてくれた方がいました。私が「子どもが、お母さんと一緒に笑っている時間はないのですか？」と尋ねたときに、そのお母さんはハッとした顔をして、「先生、私は家で笑っていません」と答えられたのです。その方の子どもさんは、小学校一年生の男の子で、知的障害がありました。たぶんお母さんは、いつも心配そうな顔を子どもに向けておられたのだと思います。お母さんは、そのときとても大事なことに気がつかれました。「先生、私が笑わないのに、子どもが私と一緒に笑うわけがないですよね。私は今、母親としてがんばらなければならないことがわかりました。私は、子どもに笑顔を向ける努力をします」と言われたのです。

私は、「お母さん、とても大事なことに気がつきましたね。そうです。今、それが一番大事なのです」と言いました。そして、「ニッコリ笑って一言かけるようにしましょう」と話しました。「朝起きたときには、ニッコリ笑って『おはよう』と言いましょう。学校へ行くときには、ニッコリ笑って『行ってらっしゃい』。ニッコリ笑って一言ね」とアドバイスしました。

何か月後かに、再び親子で相談に来られました。子どもは、ことばも増え、発達的な力が伸びていました。何よりも、表情がよくなっているのが印象的でした。私は、「お母さん、がんばったね」と言いました。するとお母さんは、「最初はがんばりました」と言われました。最初は、子どもは無表情で、お母さんが笑顔を向けても、あまり反応がなく、お母さんはさみしい思いをしていたとのことでした。でも、いつも自分に、「ニッコリ笑って一言」と言い聞かせてがんばったのだそうです。努力して子どもに笑顔を向けるようにしていると、次第に子どもが笑い返すようになったそうです。その笑顔はとてもかわいく、その顔をもっと見たくて笑顔を向けることも増えていったとのことでした。

お母さんが、「今は、がんばらなくていいんです。今は、子どもとかかわるのがとっても楽しいのです」と言われたのが印象的でした。子どもを笑わせようとするのではなく、まずおとなが子どもに笑顔を向けることが大事だということを教えられました。しっかり子どもに笑顔を向けていきましょう。

3　子どもの心に寄りそって

子育てにおいては、子どもの心に寄りそうことも大切です。これはあたり前のことのようですが、実はとてもむずかしいことです。毎日の子育てでは、努力を必要とします。私は相談活動の中で、保護者のほうは子どもの気持ちをわかっているつもりだけれども、本当はわかっていなかったという事例にたくさん出会ってきました。たとえば、親は子どもを愛しているのに、子どもは愛されているとは思っていない。そして、子どもが愛されていると思っていないことに親が気づいていない。そういう事例にたくさん出会ってきました。実は子どもは、「お父さんやお母さんは本当に自分のこと大事に思ってくれているのだろうか」という不安を抱えていることがとても多いのです。ときには、それが、「僕と○○ちゃんとどっちが大事？」という質問になって表れてくることもあります。親のほうは、「何をわかりきったことを聞くの。馬鹿なことを聞かないで」と軽く受け流してしまうのですが、子どものほうは不安な思いで質問しているということもあります。

子どものちょっとした気持ちの揺らぎとか自信のなさとかを、親は案外気づいていないものなのです。ですから、子どもの心に寄りそうためには、意識的な努力が必要となります。

たとえば、子どもを叱るときにも、子どもの気持ちを考えながらことばを選びたいものです。子どもたちは、叱られたときのことばで、ずいぶん傷ついていることがあります。たとえば、「あんたみたいな子は、いらない」とか、「あんたみたいな子、産まなきゃよかった」というようなことばは、決して口にしてはいけません。そのときの勢いで、あまり深く考えずに、そんなことばを発してしまう方がときどきいらっしゃるのですが、子どもは存在そのものを否定されたように感じて傷ついてしまいます。

学校の個人懇談の翌日に、「あんたがそんなんだから、私が怒られるでしょ」と子どもに怒鳴っているお母さんを見たことがあります。自分の感情を子どもにぶつけるだけの叱り方はよくありません。おとなのほうがキレていたのでは、子どもに伝えたいことが明確になりません。叱るときにはもっと冷静に、「子どもをしつける」「子どもを育てる」という目的を明確にして対応したいものです。

ところで、以前こんな経験をしました。小学校五年生の女の子のお母さんが、相談に来られました。子どもに取り立てて気になることがあったわけではないのですが、子育てが不安だということでした。私は、日にちをずらしながら、子どもの面接とお母さんとの面接を並行して進めていきました。

あるとき、その女の子に、家族全体の絵を描いてもらいました。家族の絵には、子どもと家族の心理的距離感が表れることがあります。彼女は五人家族でした。自分でも認めるほどおばあちゃん子だった彼女は、最初に大きくおばあちゃんを描きました。二番目に、おばあちゃんより少し小さいお母さんを描き、その次にお母さんより少し小さくお兄ちゃんを描いて、さらに次におにいちゃんより小さい自分を描きました。そして最後に、とても小さいお父さんを描いたのです。

私は、彼女とお父さんとの関係が気になりました。そこで、子どもの気持ちを探るために、文章完成テストを使って一行作文を書いてもらいました。「私のお父さんは」とか「私のお母さんが」という出だしが書いてあるものに、続けてことばを書きたし、一文ずつ完成させていくものです。短時間に、次々と異なる多くの文を完成させていきます。その中で彼女は、おばあちゃんについては、「おばあちゃんは私をとてもかわいがってくれます」と書いていました。お母さんについては、「すごく優しいお母さん」と肯定的に表現していました。お兄ちゃんについては、「よくけんかはするけど、いい兄貴」となっています。お父さんについては、二つの文がありました。ひとつは、「私のお父さんは、いやらしい人です」というものでした。もうひとつは、「私のお父さんが、もう少し家族のことを考えてくれたら」という内容でした。

私は、家族の絵とその作文をお母さんにお見せして、「心あたりがありますか？」と尋ねました。お母さんはずいぶんびっくりされました。「お父さんは娘のことをとてもかわいがっているので、娘がこんなことを思っているなんて思いもよらなかった」ということでした。私は、お母さんにいろいろな質問をし、娘とお父さんとの関係を考えてもらいました。その中で、お母さんが気づかれたことが二つありました。

ひとつは、お父さんは娘をかわいがっているけれども、そのかわいがり方は、幼児をかわいがるようなかかわり方だということでした。たとえば、娘がお風呂から真っ裸で上がってきたときに、それを抱きしめることもあるそうです。外見はとても小柄で幼く見える女の子でした。お母さんは、「そう言われてみると、そのときに娘は、すごく険しい目でお父さんを見ているように思う」と言われました。おとなの理屈としては、「それなら、服を着て上がってくればいいのに」ということになるのでしょうが、思春期の入り口にいる娘の揺れ動く気持ちをおとなが理解できていなかったということなのではないでしょうか。

もうひとつ、お母さんがハッとされたのは、私が「子どもの前でどんなふうにお父さんのことを話題にしていますか?」と聞いたときでした。お母さんは、「私はお父さんのことが好きだけれども、子どもの前で表現するときには愚痴しかこぼしていない」ということに思い至りました。たとえば、お父さんの帰りが遅いときには、娘の前で「お父さんたらまた遅い」「きっと飲んでくるにちがいないわ」「私にばっかり、家の用事をさせて……」というようなことばかりを口にしていたのだそうです。お母さんがそのとき、「娘は、その時の私のことばを額面通りに受け止めていたんですね」「私は娘に甘えていたんですね」と言われたのが、とても印象的でした。

幼児期においても、やはり子どもの気持ちを考えながら話をすることが大事です。たとえば、四歳児、五歳児、小学校低学年ごろの子どもが、「どうしてお父さんはお母さんと結婚したの?」とか、「どうしてお母さんはお父さんと結婚したの?」などと聞いてくることがあります。こんな質問に答えるときにも、子どもの気持ちに寄り添って考えるようにしましょう。ときどき、照れてつまらないことを言ってしまう人がいます。今までに出会ったお父さんの中には、「お母さんのほうのおばあちゃんに頼まれたから、仕方なかったんだ」と言ったという人がいました。「若気の至りじゃ」と答えてしまった人もいました。子どもが先のような質問をするときは、「自分は仲のいいお父さんとお母さんの間で生まれ、二人に愛されている存在だ」という確信を持ちたいのではないでしょうか。照れずに、「お父さんはこんなところがすてきね」とか、「お母さんはこういうところがいいよね」と、きちんとパートナーのよいところを言ってあげましょう。

なお、子どもの心に寄りそおうとするとき、子どもが自分自身のことをどのように思っているかということについても気にしておく必要があります。子どもは、自分自身のことが好きでしょうか？　自分のことをかけがえのない存在だと思っているでしょうか？

最近、自己肯定感の弱い子どもが多いと言われています。「自分は自分であっていい」「自分はかけがえのない存在だ」という自分の存在に対する安心感と自信が揺らいでいるのです。おとなであっても、生きていくうえで、「自分が好き！」と思う気持ちは大事です。これからいろいろなことに挑戦して育っていかなければならない子どもにおいては、なおさらです。「自分は自分であっていい。自分はかけがえのない存在。苦手なことや欠点があったとしても、今のままの自分ですてきなのだ」という自己の存在を肯定する気持ちをしっかり子どもに育てていく必要があります。

そのためには、おとなが「あなたはあなたであっていいのよ」「あなたはかけがえのない存在なのよ」「あなたのことが大好きよ」ということを、きちんと子どもに伝えなければなりません。そういうメッセージを、ことばと態度と表情で子どもに送っていきましょう。でもそれは、意識し努力しなければ、なかなかできないことです。

おとなはつい、「そんなことはわかり切っているでしょう」という気持ちになってしまっています。そして、「もう少し、これができたら素敵なのにね」「もっとこんなこともがんばれば、よい子なのにね」と、励ましているつもりなのでしょうが、実は欠点を指摘しているに過ぎないということがよくあります。子どもは、自分は認められていないと感じ、自分に対する自信を失ってしまいます。

たとえば、私が子どもに出会ったとき、「大きくなったね」「お兄ちゃん（お姉ちゃん）になったねぇ」ということがあります。そんなとき、そばにいるお父さんやお母さんが「いいえ、カラばっかりで」と言われることが多いのですが、それを聞いている子どもの気持ちを考えてみましょう。「大きくなったね」と言われることは子どもにとってうれしいことです。でも、大好きなお父さんやお母さんに「カラばっかり」と否定されるとがっかりです。自分のことをそんな風にしか思っていないのだと感じてしまいます。謙遜は子どもには通用しません。そのことばを額面通りに受け取ってしまうものです。

子どもの気持ちに寄りそうって、むずかしいですね。でも、努力さえすれば、簡単なことです。

まず、「あなたのことが大好きよ」「あなたは私の宝物よ」という気持ちを、恥ずかしがらずにストレートにことばで表現してあげましょう。そのときに、笑顔で言うことが大切です。さらに、「どんなときでもあなたの味方よ」ということを、伝えていきましょう。子どもに対して不満を感じたり、腹が立ったりしたときでも、決してその存在を否定することばを口にしてはいけません。どんなときでも、子どもの親であることから逃げてはいけないのです。何があっても、親として我が子を笑顔で見守っていく覚悟と決意が必要です。おとなは、子どもがいい子のときだけ認めるのではなく、いつも「あなたのことが大好きよ」というメッセージを意識的に送っていきましょう。そのことによって、子どもは、どんなときでも見捨てられないという安心感を得ることができるのではないでしょうか。

4　子どもの発達のみちすじを理解した子育てを

子どもの気持ちを理解し、適切な対応をするためには、子どもの発達のみちすじを理解することも大切です。一八世紀に『エミール』という著書の中でルソーが述べたように、子どもは小さなおとなではありません。その時々の年齢らしさを発揮しながらおとなになっていく存在です。その年齢らしさを大切にした子育てをしていかなければなりません。そのために、次に、子どもの発達の特徴と、その時期に子育てで大切にしたいことを、〇歳児から五歳児まで、年齢別に述べていきたいと思います

1

○歳児のポイント

●笑顔と笑い声の獲得はコミュニケーションの土台（六週〜八週）

○歳児の発達を考えるときに、私が一番大事にしているのは、笑顔と笑い声の獲得という問題です。

笑顔は、高度に進化した人間だけが持っているすてきな力です。動物は、相手を威嚇《いかく》するために歯を見せると言われています。チンパンジーのように人間に近いと言われている動物でもそうです。でも人間は、口を開けて笑うことによって親しみの情を表現します。笑顔を他者とのコミュニケーションの手段として用いるのです。

しかし、人間の赤ちゃんであっても、最初から人に笑いかける力を持って生まれてくるわけではありません。生まれたばかりの赤ちゃんは、産声《うぶごえ》を上げて泣くことはできますが、人に笑いかけることはできません。ヒトは人間として生まれて、人間の社会の中で発達していく過程で、笑顔と笑い声を獲得していくのです。

その大切な笑顔を獲得するのはいつごろからでしょう。実は、最近では、お母さんのお腹の中にいる赤ちゃんが笑っている写真が撮れているということです。でもこれは、人との関係の中での笑いではありません。そうした笑顔は、生後三〜四日目ごろには観察できます。まどろむように眠っているとき（レム睡眠のとき）に、赤ちゃんがニコッと気持ちよさそうに微笑むことがあります。おとなには、まるで楽しい夢を見て笑っているかのように見えますが、この時期ではまだ大脳新皮質にイメージがなく、夢は見ていないだろうと思われます。周期的な筋肉のほころびだろうと解釈されています。このころの赤ちゃんは、耳元で鳴る鈴の音などに反応して、微笑を浮かべることもあります。これは、外的な刺激に対する未分化な筋肉の反射だろうと考えられています。まだ、本当の意味での笑顔とは言えません。

生後二週間くらいが経過すると、授乳後にお腹のいっぱいになった赤ちゃんがニコーッと満足そうに微笑むのを見ることができます。満腹という、生理的に快の状態に対して笑顔が出てくるのです。「生理的微笑反応」と呼ばれているものです。このころ、赤ちゃんは生理的な快と不快の感覚が分化してきます。そして、満腹という快の状態には微笑み、空腹という不快の状態には泣くというように、反応も分化するのです。

生後六週から八週が経過すると、そうした生理的レベルの笑顔ではなく、他者に対する反応としての笑顔が現れてきます。おとなが赤ちゃんの顔をのぞき込んで「バアーッ」とあやすと、赤ちゃんは視線を合わせて笑い返し、手足をバタバタと動かします。これが「おはしゃぎ反応」と呼ばれているものです。このときの笑顔が、人との関係の中で出てくる本当の笑顔です。うんと大事にしてあげてください。

「おはしゃぎ反応」、人との関係の中で出てくる笑顔

ところで、笑い始めの赤ちゃんは、笑顔をいっぱい見せていても、笑い声はあまり出しません。笑い声が出てくるのは、首がすわってくるころです。首がすわることによってのどが開放され、発声の土台ができるのです。それによって気持ちいい笑い声、かわいい赤ちゃん特有の笑い声が出てきます。通常生後三か月ごろになると、首がしっかりするので、それに支えられて笑い声が出るようになります。声を出しての笑いはそれだけエネルギーの大きい笑いといえます。

笑顔と笑い声を獲得することはコミュニケーションの土台ができるということです。やがて言語を獲得していくことにつながる大切な力です。しっかりあやして、笑顔と笑い声を引き出してあげましょう。

●キラキラの目の笑顔で「あやし遊び」を

子どもは、子ども好きな人には自分から寄って行きますが、子ども嫌いな人にはあまり寄って行かないという傾向があります。赤ちゃんも同じです。赤ちゃんも、子ども好きの人にあやされるとよく笑い返すけれども、子ども嫌いな人にはあまり反応しません。どうしてでしょう。

実は、おとなが子どもをあやすときに、「この赤ちゃんかわいいな」と思うと、脳の中にドーパミンという神経伝達物質（愛のホルモンと言われるもの）がたくさん出るのだそうです。ドーパミンは、「この人大好き、この子かわいい」というような情緒のはたらきによって、その分泌が促されると言われています。ドーパミンは前頭葉を興奮させる作用があるのですが、そのはたらきで目の瞳孔《どうこう》（黒い部分）が開きます。瞳孔が開くと目の光が強くなり、瞳がキラキラと輝きます。赤ちゃんは光る物が大好きです。光るものにはよく反応します。ですから、同じようにあやされても、トロンとした目よりはキラキラの目のほうが、赤ちゃんの反応がいいのです。「目は口ほどにものを言う」とは、このことです。赤ちゃんをあやすときには、「かわいいなぁ」と思いながら、しっかりあやしていくことが大事だと言えます。

ところで、赤ちゃんの中には、笑い返す力が弱くてあやしても反応が少ない子がいます。そのときに、子どもが笑い返さないからといって、あやすのをやめてしまうと、ますます子どもの力が育たないことになります。むしろ、子どもの力が弱い場合にはよけいに、キラキラの目のすてきな笑顔で笑ってあやしてあげてほしいと思います。

笑顔であやしてと言いましたが、我が子のことをかわいいと思えなくて悩んでいるお母さんもいると思います。そうしたと

「目は口ほどにものを言う」―「かわいいな」と思いながらあやすこと

きは、あまり自分を責めないで、とりあえず一生懸命あやしてみましょう。あやしているうちに、赤ちゃんが笑顔を返してくれることがあると、それによって、お母さんの中に子どもをかわいいと思う気持ちが育ってくるかもしれません。

●赤ちゃん体操を毎朝の日課に（一か月半〜）

生後一か月半ごろから、赤ちゃん体操を始めましょう。赤ちゃん体操は、最初はマッサージが中心です。心臓から遠いところから近いところへと、腕や脚をさすっていきます。これはスキンシップにもなります。

そのとき、赤ちゃんの目を見てあやしながら行うことが大切です。たとえば、腕《うで》をこすっているときは腕ばかり見るというのではなく、赤ちゃんと目を合わせるようにしてあやしながら腕をさすってあげましょう。楽しく笑顔を向けながら赤ちゃん体操を行うと、赤ちゃんは本当に気持ちいい顔をしますし、赤ちゃん体操が大好きになっていきます。腕と脚のあとは、お腹です。時計回りの方向（腸の回転の方向）でさすります。それから、うつ伏せの姿勢で背中もさすってあげるといいでしょう。

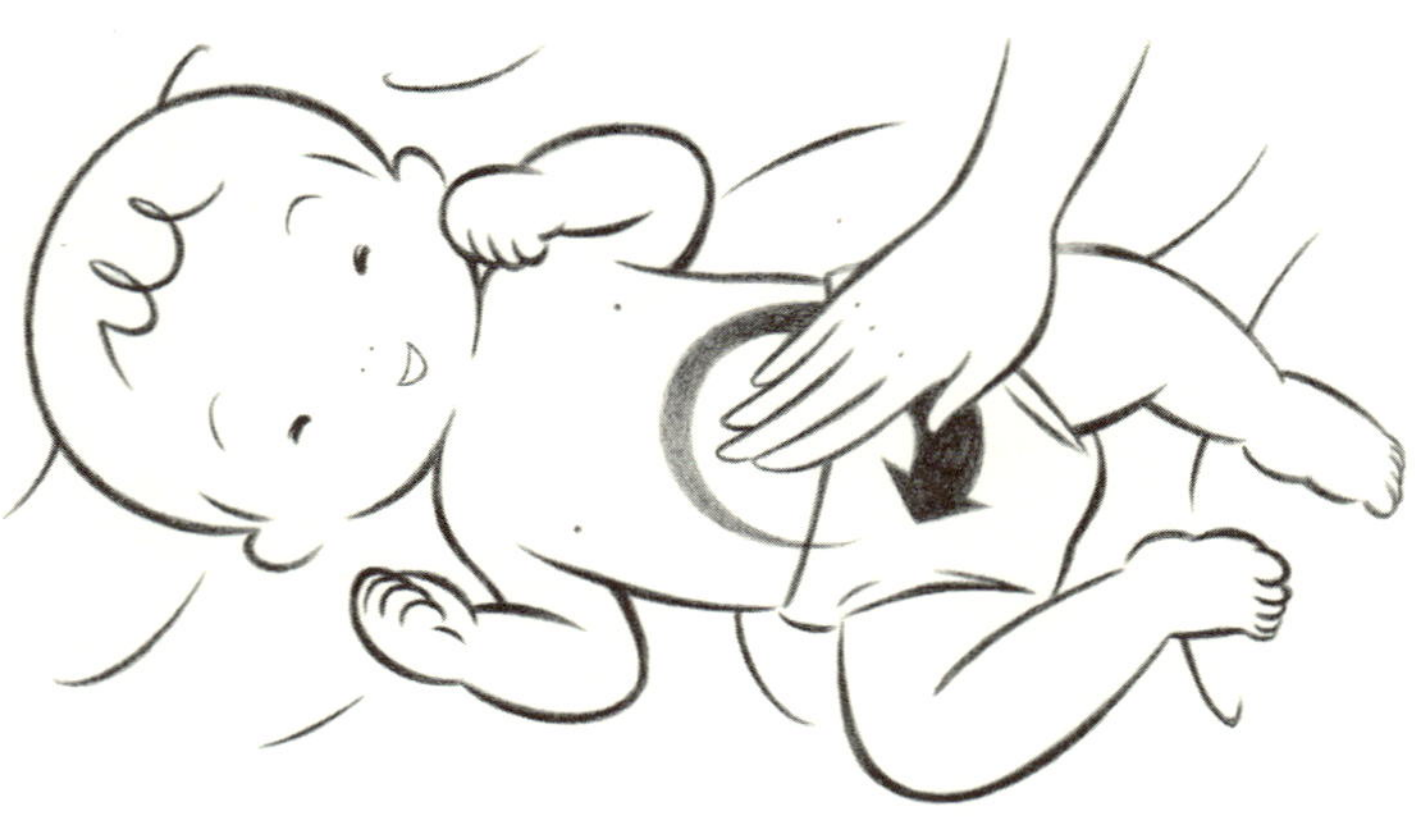

赤ちゃん体操—毎朝同じ時間にして、生活リズムをつくる

お尻のほうから首のほうへ軽くさすってあげます。人さし指と中指の背で軽く叩いて刺激してあげるのもよいようです。

これを毎日、まず一回目は、朝起きたときに行うようにするとよいと思います。というのは、規則正しい生活リズムを確立することと関係するからです。赤ちゃんのときから、一日の朝のスタートが同じ時間になるように工夫すると、生活リズムは確立しやすくなります。生まれて間もない赤ちゃんは、生活のリズムが整っていませんので、二四時間のリズムで生活しているわけではありません。二四時間のリズムが出てくるのが、だいたい生後三か月から四か月くらいと言われています。ですが、そのリズムはまだ非常に不安定なのです。ですから、毎朝のスタートを一定にしてあげることが大切です。朝目覚めたら、機嫌のいい状態のときに楽しく赤ちゃん体操をしてあげるといいでしょう。

それに、赤ちゃん体操をすると、脳の覚醒レベルは高くなると考えられます。目覚めたときに、オムツを替えながら楽しく赤ちゃん体操をすることを、日課にしてみてはどうでしょうか。

●手におもちゃを握らせて（四か月半）

乳児期前半は、「あやし遊び」の時期です。最初は、おとなが「バァ」と言いながらキラキラの目であやしてあげるだけでいいのですが、四か月ぐらいになると、あやしながら、赤ちゃんの手におもちゃを握らせてあげるようにするとよいと思います。

四か月半ごろの赤ちゃんは、見たものに手を伸ばし掴むことができるようになります。そうしたら、「あやし遊び」の中におもちゃを入れていくようにしましょう。あやしながら、ガラガラなどのおもちゃを手に握らせてあげてください。そのときのおもちゃは、できるだけ感触がよく、握りやすい形で、振り鳴らすと快い音の出るものが好ましいと思います。木製やパイル地製のガラガラなどがよいのではないでしょうか。あやして笑顔と笑い声を引き出しながら、感触のよいおもちゃを赤ちゃんの手に握らせてあげたいものです。

でも、この時期の赤ちゃんは、長時間物を持ち続けていることはできません。しばらくすると、すぐに落としてしまいます。また拾って握らせてあげましょう。そうしたなかで、手の力が育っていきます。

おとなが拾って渡すと、赤ちゃんはよろこびます。何度かそういう経験をした赤ちゃんは、五か月~六か月ぐらいになると、今度はそれがおもしろくて、おとなの顔を見ながらわざと落と

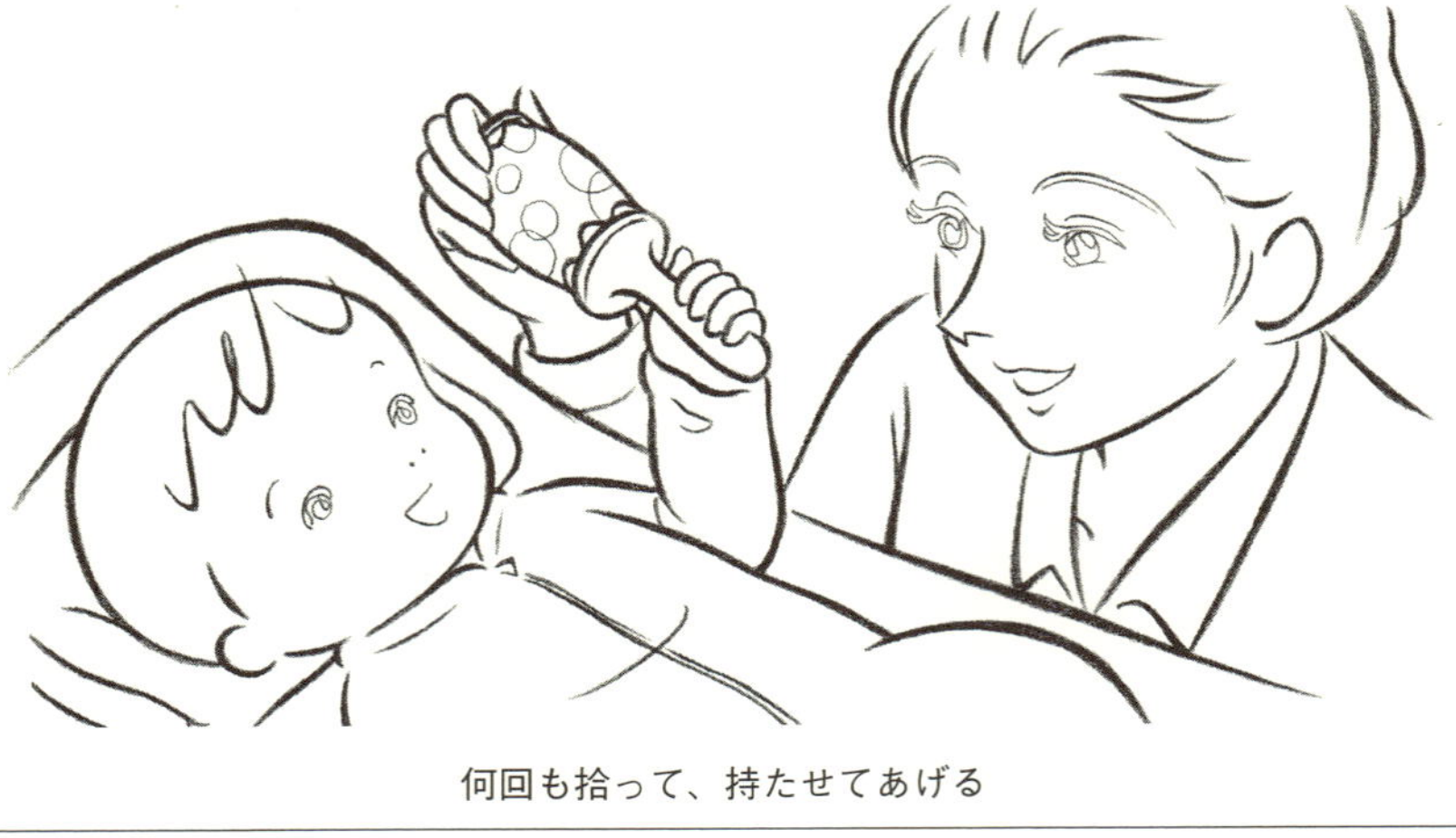

何回も拾って、持たせてあげる

すようにもなります。ちょっと賢くなりました。おとなからすると「せっかく持たせてあげたのにわざと落とす」と思われるでしょうが、わざと落とすときの赤ちゃんは、「またひろって、持たせてくれるんじゃないか」という期待をもっています。この期待が育ってきたからこそ、わざと落とせるのです。「子どもが落とす、おとなが拾う」という繰り返しが始まります。この単純な繰り返しも、赤ちゃんにとっては楽しい遊びのひとつです。おとなの反応を期待できるというのは、すてきな力ですね。面倒臭いと思ったり、怒ったりしないで、何回も拾って持たせてあげてください。

●首がすわると周囲を見渡せるようになる（三か月～五か月）

生後三か月ぐらい経過すると、首がすわってきます。首がすわるということは、いろいろな力の土台になります。先ほど、首がすわると、のどが開放されて声が出る条件ができるということを述べましたが、首がすわることによってものを見る力も広がっていくのです。

生後一か月ごろから、視野の中に入ったものを見つめる力がしっかりしてきます。そして、その動きを眼で追える（追視）ようになります。でも首がすわっていない場合、目を動かすだけでは九〇度の範囲でしか物の動きを追うことができません。たとえば顔が左に向いているとき、顔を左から右に持っていくことができなければ、九〇度の範囲しか目で物を追えません。でも首がすわると、左から右へと一八〇度、物の動きを追って見ることができるようになります。

三か月くらいで、左右に一八〇度の追視ができるようになると言われています。さらに四か月ぐらいになると、上下に一八〇度の追視が可能です。体の上のほうから下のほうへ、下のほうから上のほうへというふうに目で物の動きを追えるようになります。さらに五か月くらいになるともっと首がしっかりするので、三六〇度の追視が可能になります。そうすると、赤ちゃんが寝ているベッドの周りをおとなが歩くと、赤ちゃんは、その動きを一生懸命目で追うようになります。発声も豊かになっていますから、「アー、アー」と呼びかけるような声を出す場合もあります。

首がすわることと、物を見る力と発声の力はすべて関連していいます。このように、発達のみちすじの中では、異なる機能が関連し合いながら育っていきます。それを知っておくことも、子育てにおいては大切なことです。

3か月で左右180度、4か月で上下180度、5か月で360度、動きを目で追うようになる

●人見知りとお母さんの後追いは育ちの証（七〜八か月）

赤ちゃんが育ってくると、人見知りが始まります。人見知りというのは、自分にとって親しい人と、初めて見る人との区別ができるようになった証です。

赤ちゃんは、すでに述べたように、生後六週から八週ごろに、あやされると笑い返すようになります。そのときの赤ちゃんは、実は人間の目に対して反応していると言われています。ですから最初は、白い紙に黒丸が二つ書いてあるものを見せても笑う時期があるそうです。認識の力が育つに従い、目だけではなく耳や口や顔全体、そして表情が必要になります。やがて、自分が知っている親しい人の顔と、初めて見る人の顔の区別がつくようになり、知っている人には笑いかけるけど、知らない人を見たら泣くという反応が出てきます。後者を人見知りと言います。

「ほかの人とは違うお母さん」という認識がしっかり育つころには、赤ちゃんは、ハイハイで移動する力も獲得しています。そうすると、「お母さんの後追い」を始めます。少しでもお母さんの姿が見えなくなると泣き、お母さんが動くとハイハイで

人見知りは、人の区別ができるようになった証

後を追います。お母さんのほうは、「トイレにもゆっくり入れない」と大変です。

でも、人見知りやお母さんの後追いは、人の区別ができるようになった証です。赤ちゃんにとっては、大切な力の育ちです。お母さんにとっては、人に預けにくくなったり、落ち着いてトイレにも行けないほどまとわりつかれたりして、子育てが大変になったという感じがあるかもしれませんが、赤ちゃんにとってはとても大事な力が育ってきたのだと、むしろ喜んで受け止めてあげてください。

●「ゆさぶり遊び」で平行感覚と前頭葉の発達を（六か月～一〇か月）

赤ちゃんは、六～七か月ごろには寝返りをして、八～九か月頃にもなるとハイハイをするようになります。このように自分で姿勢を変えたり移動したりできるようになると、赤ちゃんも、ただ「バァッ」とあやされるだけでは物足りなくなってきます。遊びを少し発展させてあげる必要があります。

六か月ごろになり、背中もしっかりしてきたら、おとなが立った姿勢で赤ちゃんを横抱きにして、歌でも歌いながら左右に少し軽く揺すってみましょう。ほとんどの赤ちゃんが大きな口を開け、ケラケラと声を出して笑います。七か月ぐらいになったら膝の上に向かい合わせに座らせて、歌を歌いながら赤ちゃんの体を上下に軽くゆするような遊びもよろこぶようになります。八か月ごろになると「タカイ、タカイ」（赤ちゃんのわきの下を持って、向かい合うように体を支え、声に合わせて赤ちゃんの体を高く持ち上げる）をすると、とってもよろこびます。お座りの姿勢が安定してくる一〇か月ぐらいには、肩車もできるようになります。一一か月ごろには、タオルケットなどの四隅を二人のおとなが持って、中に赤ちゃんを乗せてハンモックのようにゆすってあげるのもよいのではないでしょうか。

このように、おとなが自らの体を使って子どもの体をゆする遊びを「ゆさぶり遊び」と呼んでいます。ほとんどの場合、こういう遊びをすると、赤ちゃんはとっても喜んでケラケラと声をたてて笑います。

「ゆさぶり遊び」は首の立ち直り反応を育て、平衡感覚を養うと言われています。乳児期後半以降にしっかり「ゆさぶり遊び」を楽しんだ赤ちゃんは、立って歩き始めた後、転びにくく、転びそうになっても上手に手をついて体を支えるようになります。大事にしたい遊びです。

さらに、「ゆさぶり遊び」は脳の発達にもよいことがわかっています。人間は、安心できる状況で軽く体をゆさぶられると、脳の中にドーパミンという神経伝達物質が分泌され、大脳全体の興奮を高めるように作用し、同時に快の情緒の働きを強める

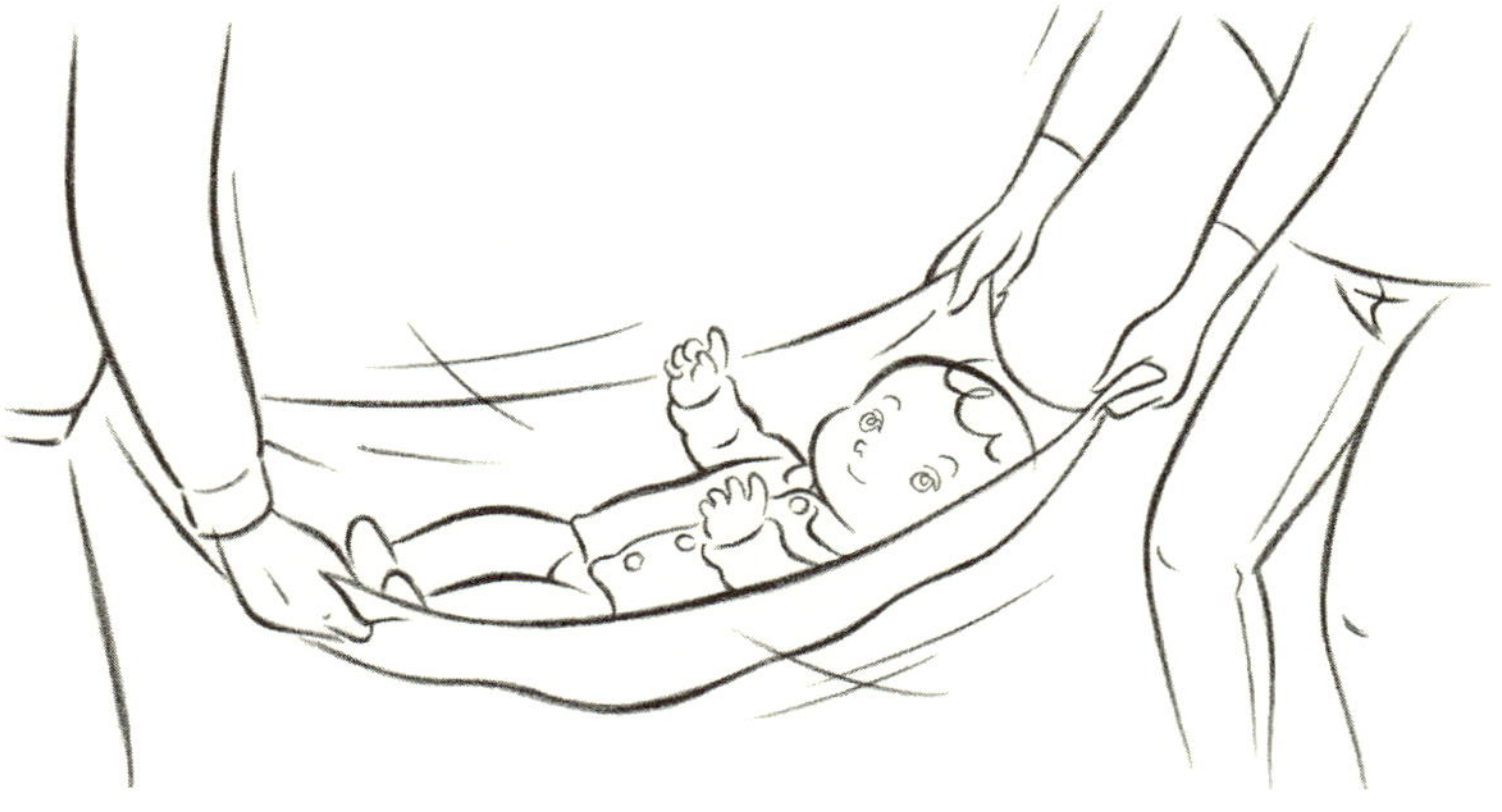

「ゆさぶり遊び」は平衡感覚を育てる

と言われています。また、ドーパミンの分泌は前頭葉の働きをよくすることも知られています。ですから、「ゆさぶり遊び」を十分に行うと、大脳の活動が活発になり、情緒が安定しやすく、前頭葉の働きも育つと考えられます。楽しくゆさぶり遊びをしてあげてください。

でもときどき、「ゆさぶり遊び」をすると、大変怖がり、激しく泣く赤ちゃんがいます。そのようなときには、軽いゆさぶりから少しずつ慣れさせてあげましょう。赤ちゃんが怖がるほど激しくゆさぶるのはよくありません。また、「ゆさぶり遊び」のひとつ前の段階の「あやし遊び」に戻し、それを十分に楽しめる力をつけておくことも大切です。おとなとの信頼関係がしっかり形成されていてこそ、赤ちゃんは、安心してゆさぶりを楽しむことができるのですから。そして、「ゆさぶり遊び」はゆすればよいというものではありません。おとなは満面の笑顔で、赤ちゃんの目を見て、しっかりあやしながら、楽しい「ゆさぶり遊び」にしましょう。

ところで、「ゆさぶり遊び」を楽しんでいるときに、急におとながその動きを止めると、赤ちゃんが「もっとやってほしい」とでもいうような身振り表現をすることがよくあります。たとえば、「タカイ、タカイ」をしていて急にやめると、赤ちゃんは、おとなの腕の中で脚をバタバタ動かしながら、体を上下に跳ねさせるように暴れたりします。また、タオルケットハンモックの「ゆさぶり遊び」を急にやめると、片手でタオルケットを持って、足を伸ばしたり曲げたりと動かしながら、おとなを見て「アーアー」と発声したりします。抱いている赤ちゃんを、上半身逆さまになるまで後ろに反らせたり起こしたりという動きを何度か繰り返して止めると、赤ちゃんは自分から後ろに反り返って、もっとしてほしい気持ちを表現します。赤ちゃんの活動意欲や要求を表現する力を育てるためには、「ゆさぶり遊び」を単調なものにせず、適切な「間」をとりながら楽しく行うとよいと思います。

ところで最近、赤ちゃんはおとなしく寝かせておくのがよいのであって、「ゆさぶり遊び」などはしてはいけないのではないかという質問を、しばしば受けるようになりました。それは、幼い子どもの虐待の事件において、「乳幼児ゆさぶり症候群」ということが知られるようになったからだと思います。まだ十分首の座っていないような赤ちゃんを前後にガクガクゆすったり、「どうして泣くの！」などと、おとなのイライラを子どもにぶつけるために激しくゆすったりしたために、子どもの脳の中に障害を負わせてしまった事件がいくつもありました。虐待をしたおとなは、遊んでいたのだと言います。でも、子どもにとって心地よい快の状態でないゆさぶりは、決して遊びではありません。おとなの感情をぶつけて子どもを犠牲にするなど、とんでもない話です。そのような事件から、極端に「ゆさぶり遊び」まで否定してしまっては、逆に、子どもの遊びが貧弱になってしまいます。赤ちゃんが、うれしそうに声を出して笑うような楽しい「ゆさぶり遊び」を、おとなも一緒に楽しみたいものです。

●入れたり、出したりする遊び（一一か月ごろ）

九～一〇か月ごろになってくると、赤ちゃんは入れ物の中から物を出し始めます。入れ物の中に手を全部入れてしまえるような大きさのものや、出すのが簡単なものであれば、出すほうが先にできるようになります。ティッシュペーパーの箱があると、中のティッシュペーパーがなくなるまで出し続けたり、タンスの引き出しが開いていたら、中のものを全部引っ張り出してしまったりします。それは物を出す力が育ってきたからなのです。

一一か月ごろになると、今度は「入れる」こともできるようになります。その時期には、おもちゃで遊ぶときに、おもちゃと入れ物を一緒に出してあげましょう。たとえば、積み木だけを渡すのではなくて、積み木を入れられるような箱や缶や容器などを一緒に出してあげるとよいでしょう。そうすると、入れたり出したりするという遊びも成立していきます。この時期には、物を出し入れして、入れ物と入れられる物との関係を理解していくような遊びも大切なのです。

「出す力」、それから「入れる力」が育ってくる

●お座りをあせらないで

六か月ごろの赤ちゃんは、おとなが座らせると、少しの間お座りの姿勢を保持できるようになります。でも、このときのお座りは、座らされれば座っていることができるというもので、自分から座るというものではありません。この時期の赤ちゃんは、お座りの姿勢で前に倒れそうになったときには、前方に手をついて体を支えることができます。しかし、横に倒れそうになると手をついて体を支えることができません。そのまま倒れてしまいます。この時期の赤ちゃんにとっては、お座りはとても不安定な姿勢なのです。そして、まだ自分でお座りからうつ伏せになることもできません。ですから、座らされていることは、この時期の赤ちゃんにとっては、自由の利かない窮屈な姿勢ということになります。

八〜九か月ごろにハイハイをするようになると、うつ伏せの姿勢から自分で起きあがり、お座りをするようになります。そして、お座りからうつ伏せにもどることも容易にできるようになります。この時期を待たずに、早くからお座りの練習をすることは、赤ちゃんに無理を強いることになります。その後の運動発達に、かえって歪《ゆが》みを生じさせることにもなるのです。まだ自分で起き上がって座ることのできない赤ちゃんを早くから座らせると、窮屈な姿勢のために自由に手や腕を伸ばして物を取ろうとするなどの運動が少なくなって積極性が低下し、ときには背筋が曲がったり、胸が圧迫されたりすることにつながる場合もあるそうです。早くからお座りを練習したりせず、その前にハイハイを十分にさせてあげましょう。まだ自分から座ることのできない赤ちゃんを座らせるときには、背もたれのある椅子を使って、バランスを崩してもころばないようにしてあげる配慮が必要でしょう。ハイハイができるようになれば、自分で起き上がって座るようになるのですから。

●ハイハイのなかで歩くための準備の力が育つ

ハイハイができるようになったら、しっかりとハイハイをさせてあげましょう。赤ちゃんがハイハイを獲得するときには、通常四つの段階があります。

最初は、腕を突っ張って後方へ下がる「後バイ」です。赤ちゃん自身は前進しようとしているのですが、後ろにずり下がるばかりです。人間は、体の上から下に向けて発達していくという法則があり、足より先に手が発達します。そのため、このころの赤ちゃんは、足でける力よりも腕で突っ張る力のほうが強く、後ろへ下がってしまいます。これは、通常七～八か月ごろに見られます。やがて足の力も強くなってくると、手と足の力が拮抗します。そうすると、手も足も突っ張って体を持ち上げ、「よつばい」のような格好をすることがあります。この段階では、体を前後にゆするだけで前にも後ろにも行けません。

やがて赤ちゃんは、たまたま足に触れた何かを蹴《け》ることによって前進した経験と足の発達に支えられて、前へはい進むことを覚えます。肩から胸のほうを支えている腕で床を引き寄せながら、足の親指で床を蹴って前進する「腹ばい」です。これは、八~九か月ごろの赤ちゃんの移動方法です。さらに、九~一〇か月ごろになると、膝をついてお尻を上げ、胴体を床から離して、「よつばい」をするようになります。このころには、つかまり立ちや伝い歩きなども始まり、目が離せなくなります。安全への配慮が重要でしょう。そして、一一~一二か月ごろになると、膝を伸ばし、お尻を高く上げ、両手と両つま先のみを着地させた「高ばい」で前進するようになります。

この時期には、しっかりハイハイをさせてあげてください。このハイハイのとき、きちんと手指と手のひらが開いているかどうか、首を起こして前を見ながらハイハイしているかどうか、足の親指を使って床を蹴《け》っているかどうか、右と左と手足を交互に動かしているかどうかを観察しましょう。これらは、ハイハイが上手にできているかどうかの大切なポイントです。

赤ちゃんが下手なハイハイをしている場合には、斜面を這《は》い登ったり、階段を這い上ったり、丸めたふとんの上を這い越したりするような運動を楽しくさせてあげるとよいと思います。

無理に歩かせないで、しっかりハイハイを

抵抗のある所や少しむずかしいところをハイハイすると、次第に上手なハイハイになっていきます。

ハイハイの運動の中で、歩くための準備の力が育ちます。「アンヨは上手」と手を持って歩かせるなどの歩行の練習をしたり、安易に歩行器を使用したりするのではなく、ハイハイを十分に保障してあげることが大切なのです。そうすると、赤ちゃんは自分で床から直接立ち上がり、しっかりした歩行を獲得します。

ところで最近、あまりハイハイせずに歩き始めた子どもが増えてきたと言われています。居住空間の狭さや、育児様式の変化や、「早くできることがよいこと」と考えるおとなの誤解などが影響しているものと思われます。ハイハイせずに歩き始めた子どもは、その後、転びやすい、転んだときに手を出して体を支えられない、足腰が弱い、内股、土踏まずの形成が悪いなどの運動発達上の歪みを示すことが多いようです。乳児期後半にはしっかりハイハイをさせてあげましょう。そのためには、ハイハイができるように、できるだけ物を片づけて空間を確保する工夫も必要です。また、おとなも一緒にハイハイをしてあげると、赤ちゃんは一層楽しくハイハイできると思います。

●「ことばの前のことば」の誕生（一〇か月）

ことばを獲得する基礎の力は、生後一〇か月ごろに確立します。一〇か月ごろになると、それまでの「子ども―おとな」（二項関係）という二者の関係を中心とした外界とのかかわりから発展し、「子ども―おとな―第三者」（三項関係）という関係が成立してきます。「子ども―おとな―第三者」という関係の中で発揮される力を「ことばの前のことば」と呼んでいます。

一〇か月ごろの赤ちゃんの前で、おとなが「あれ、何かな？」と指さしをして見せると、赤ちゃんはおとなの指さした先を見て、指さされた対象を視線でとらえます。そのとき、おとなと子どもは、指さされた対象を共に意識しています。つまり、指さしを媒介として、おとなと子どもが第三者をイメージの中で共有するのです。この場合の第三者は、物でも人もかまいません。

「ことばの前のことば」の力が弱い場合は、おとなが指さしをして見せても、おとなの顔ばかり見ていたり、指のみを眺めていたりすることがあります。それ以前の人との関係を結ぶ力が弱い場合は、おとなの指さしに無反応であるばかりでなく、おとなと視線が合いにくいということが、このころから目立ってきます。一〇か月ごろの赤ちゃんが、おとなの指さしに反応

おとなの指さしに反応する大事な力の誕生

するかどうか、三項関係を形成し、「ことばの前のことば」の力を獲得しているかどうかをしっかり観ていきましょう。

三項関係が形成されて「ことばの前のことば」の力が育つと、外界とのかかわり方が大きく変化し、いろいろなことができるようになります。たとえば、おとなが「ちょうだい」と言って手を差し出すと、赤ちゃんは持っていた物をおとなの手のひらの上に乗せて渡してくれるようになります。でも、その物には未練がありますから、おとなの顔と渡した物とを交互に見ています。そこでおとなが「はい」と言いながらそれを返すと、うれしそうに受け取ります。「ちょうだい」「はい」などのおとなのことばに合わせて物をやり取りする関係が成立するのです。

この時期には、物のやり取りだけでなく、動作のやり取りもできるようになります。たとえば、「イヤイヤ、イヤイヤ」というおとなのことばに合わせて一緒に首を横に振ったり、「オツム、テンテン…」と両手で頭をたたいたり、「チッチ、ココ、トマレ…」などの簡単な手遊びの一部をおとなと一緒にしたりするなど、おとなの発するリズミカルな音声に合わせて、動作を模倣して遊ぶようになります。場面とおとなのことばに合わせながら、決まった動作をしたり、おとなの動作を模倣したりし始めるのです。

「バイバイ」ということばに反応して手を振るようになるのもこのころです。おとなのようにきれいに手のひらを横に振るわけではありません。「バイバイ」と言うことばに合わせて手を上下に揺すったり（幽霊スタイル）、手のひらを開いたり閉じたりさせたり（ニンギニンギスタイル）、手首を中心に手の平を回転させたり（キラキラ星スタイル）というかたちのバイバイです。でも、「バイバイ」というのがわかって、自分も「バイバイ」するというのは、「ことばの前のことば」の大事な力だと思います。

「ことばの前のことば」の育ちのなかで、ことばの理解力も進んできます。お母さんに抱っこされている赤ちゃんに「お父さんどこかな?」と言うと、お父さんの顔をチラッと見るというようなことが出てきます。保育所で、「あっ、お母さんがお迎えに来たよ」と声をかけると、赤ちゃんは、いつもお母さんが入ってくる入り口のほうを見ます。場面と結びついた簡単なことばの理解が進んできていることがわかります。

そのころに、「○○ちゃん」と名前を呼ぶと、自分の名前を呼ばれたということを理解して振り向き、呼んだ人の顔を見ます。音がすると振り向くという反応は六か月ぐらいからありますが、一〇か月ぐらいになると、自分の名前というのがわかって振り向くのです。

保育所で、一〇か月くらいの赤ちゃんが五～六人、大きい机を囲んで椅子に腰掛けていました。保育者が「Aちゃーん」と名前を呼ぶと、呼ばれたAちゃんは片手を高く上に挙げます。ときには「アーイ」と発声することもあります。ほかの子どもたちは、チラリとAちゃんの顔を見ます。生活の中で繰り返されている場面において、次第に自分やお友だちの名前が理解できるようになっているのです。

また、このころには発声も豊かになります。相手に呼びかけるような声も出てきます。「アー、アー、アー」「オー、オー、オー」などの母音を中心とした音ではなく、唇《くちびる》や舌の動きが発声に関与するようになるなかで、いくつかの子音も聞かれるようになります。次第に「バーバーバー」「ブーブーブー」「マーマーマー」「マンマンマン…」などの発声が多くなります。離乳食が進むにつれて舌や唇の動きがよくなるため、このような発声ができるようになるのです。そして、豊かになった発声が、ある程度場面と対応するようになってくるのが、一〇か月ごろです。たとえば、お腹がすいたときには、「マンマンマンマン…、マンマ、マンマ、マンマンマンマン…」といった喃語《なんご》の発声が多くなります。こうして次第にことばの獲得に近づいていきます。

●「やりとり遊び」を（一〇か月）

このように、一〇か月ぐらいになると人との関係の中で動作や物をやりとりする関係性が成立してきますので、「やりとり遊び」を豊かにしましょう。「やりとり遊び」とは、おとなのことばに合わせながら、物や動作をおとなと子どもがやりとりする遊びのことです。

「ちょうだい」「はい」と言いながら、手から手へと物をやりとりする遊び、あるいは、向かい合って座って交互にボールをころがし合ったりする遊びをしてみましょう。そのときボールがそれていったら、「マテマテ、マテマテ…」と一緒にハイハイして追いかけていってもよいでしょう。

一〇か月ごろになると、簡単な手遊びなどで動作をやりとりする遊びもよろこぶようになります。「チョチ、チョチ…」「オツム、テンテン…」などの、リズミカルなおとなの声に合わせて動作をやりとりする遊びです。「やりとり遊び」は、話しことばの獲得につながっていく遊びです。赤ちゃんと一緒に楽しみたいものです。

●おんぶで外出のすすめ

外出するときには、抱っこよりもおんぶの姿勢のほうが安定しています。抱っこで外出すると、おとなの手が開放されません。おとなが転んだときに子どもが下敷きになる危険性もあります。また、子どもとおとなが景色を共有しにくいという問題もあります。おんぶの姿勢なら、おとなが「ほら」と指さした

やりとり遊びをしっかりと

先を、子どもも一緒に見ることもできます。

また、抱っこバンドなどで抱っこされるときには、おとなにぶら下がるように重心をかける姿勢になりますが、おんぶの場合は、おとなに自分からしがみついていくような姿勢となります。これは、能動性がある姿勢と言われています。

さらに、おんぶをすると、赤ちゃんのお腹がおとなの背中で押さえつけられるために、自然に胸式呼吸が促されていくと言われています。赤ちゃんのときは、お腹で呼吸をする腹式呼吸です。ところがおんぶをすると、自然に胸式呼吸が促されます。それが胸郭の発達を促すのだそうです。最近の子どもたちは、胸郭の発育が悪いということも指摘されています。赤ちゃんの姿勢の発達のために、外出のときは、ぜひおんぶをしてほしいと思っています。ただし、家の中では、できるだけ対面して、顔を見て遊ぶということが必要です。「抱っこで遊んで、おんぶで外出」がよいのではないでしょうか。

●オムツをはずして、生活の切れ目でオマルを

赤ちゃんは排泄《はいせつ》の自立はできませんが、腰を解放するために、

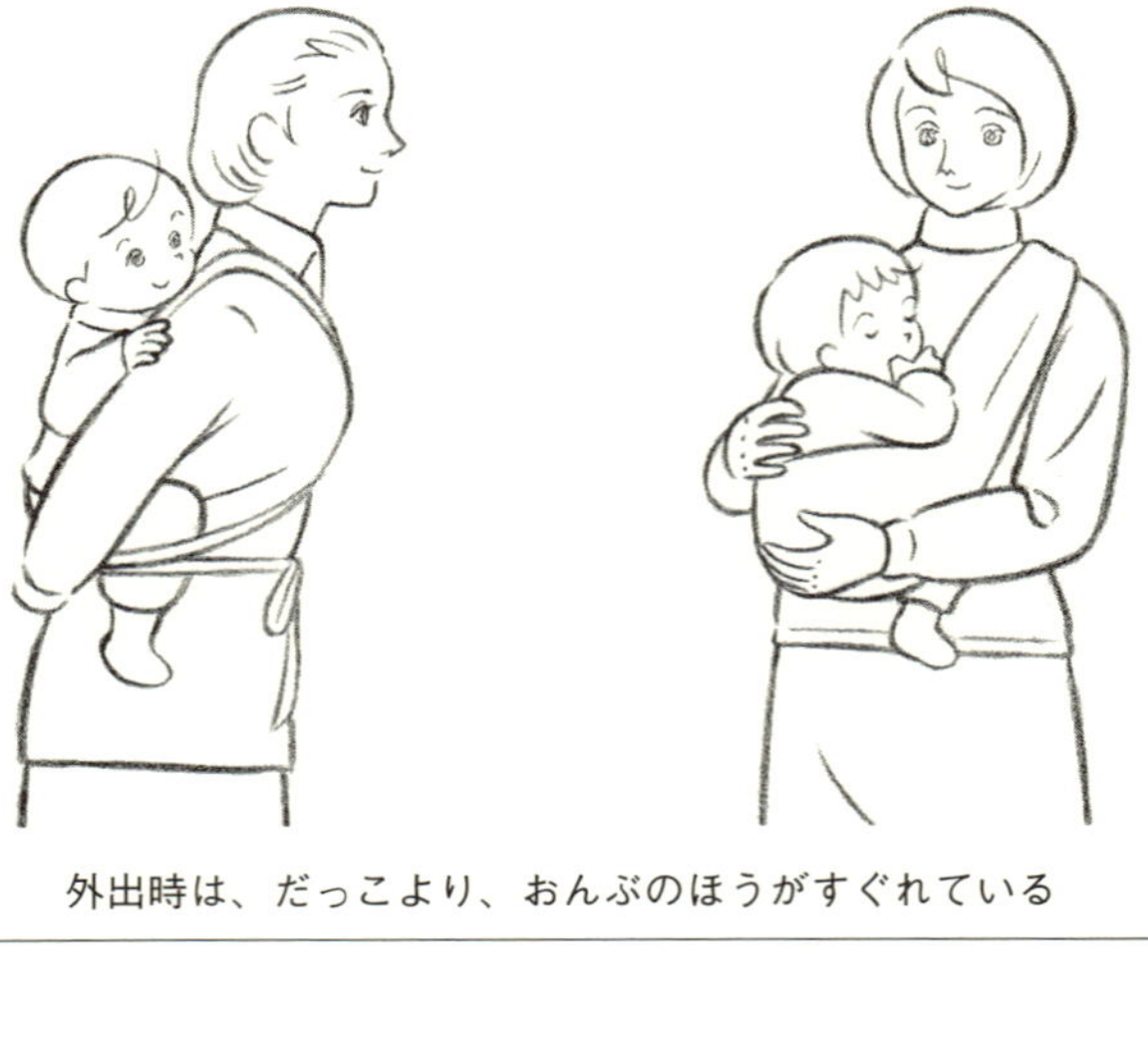

外出時は、だっこより、おんぶのほうがすぐれている

座位が安定する一〇か月ごろになったら、できるだけ昼間はオムツをはずし、パンツにしてあげたほうが運動発達によいと思われます。目覚めたときや食事の前後など、生活の切れ目でオマルに座らせてあげることを習慣づけましょう。失敗しても、決して叱ってはいけません。最初はうまくいきませんが、タイミングが合うとオマルにオシッコをすることがあります。次第にその回数が増え、失敗が少なくなっていくでしょう。子どもにとって、いつまでもオムツをさせられていることは、決して心地よいものではありません。また、オシッコが出てしまったことを本人もおとなも知り、すぐにきれいなものと変えて気持ちのよい状態にしてもらうことを繰り返すことは、排泄の自立だけではなく、おとなとの関係形成においても好ましいことです。もちろん、運動発達の保障にもつながります。オムツはできるだけ布オムツ（ぬれたことを感じることができます）を使用し、乳児期後半に座位が安定してオマルに座れるようになったら、昼間に活動するときは布パンツにし、生活の切れ目でオマルに座らせてあげることを生活の流れの中に位置づけ、習慣にしてしまうとよいでしょう。

●紙オムツと布オムツ

オムツには、紙オムツと布オムツがあります。おとなにとって便利なのはもちろん紙オムツですが、赤ちゃんにとってはどうでしょう？

生後二週間くらい経つと、「快―不快」という感覚が分化してきます。赤ちゃんは、生理的に不快のときには泣き、快のときには微笑むようになります。すでに述べたように、赤ちゃんが泣いて不快を表現したら、おとながかかわって、あやしながら快の状態にしてあげる関係性の中で、おとなとの笑顔のやりとりが出てきます。

オムツがぬれると不快感がありますから、赤ちゃんは泣きます。その訴えをおとながキャッチしてオムツを替えてあげることにより赤ちゃんに快の状態を保障します。赤ちゃんがぬれたことがわかり、その訴えにおとなが反応してすぐに心地よくしてあげるというやりとりが大切なのです。「まだ二時間たってないからもうちょっともつわ」などと考えないようにしましょう。その意味では、ぬれたことがわかりにくい紙オムツよりも、ぬれたことが赤ちゃんにもおとなにもわかりやすい布オムツのほうが優れているのではないでしょうか。基本的には昼間は布オムツにしてあげたいですね。でも夜は、眠りを保障するために紙オムツを使うといいと思います。

●おしゃぶりに頼らない

最近、保育士の方から「おしゃぶりはどう考えたらいいでしょうか」という質問を頻繁《ひんぱん》に受けるようになりました。今、とてもカラフルなおしゃぶりがいっぱい出回っています。そして、赤ちゃんがおしゃぶりを口にくわえているのもよく見かけるようになりました。

おしゃぶりを口にくわえると、赤ちゃんはおとなしくなります。おとなにとっては、ありがたい道具のように思えます。実際、私が出会ったお母さんのなかにも、「おしゃぶりは魔法の道具」と言った方がいらっしゃいました。口に入れると、すぐさま子どもが泣き止み、おとなしくなるからです。

でも、私は、子どもを受け身にする子育ての道具は、子どもにとってはよくないと思っています。おしゃぶりというのは、子どもをおとなしくさせるための道具です。唇や口はとても敏感な器官です。おしゃぶりは、そこに刺激を与えることによって、子どもをおとなしくさせるのです。歯固めは、ある時期、歯茎《はぐき》への刺激として必要ですが、乳首を付けたおしゃぶりというのは、使わないほうがいいのではないでしょうか。

おしゃぶりに関しては、次のような議論があります。最近、子どもや若者たちの中に、口を開けっぱなしにしている人が多くなってきました。そのために、ドライマウス症候群も増えてきたと言われています。これについては、鼻呼吸が育っていないからだという意見があります。そして、「鼻呼吸を促すには、小さいときから口を閉じさせたほうがいい。そのためには、お

おしゃぶりは子どもをおとなしくさせるための道具。言語の発達にも悪影響

しゃぶりを使ったほうがいい」という方がいます。

しかし、おしゃぶりを使わなくても、母乳やミルクを飲んでいるとき、赤ちゃんは鼻で呼吸しながら飲んでいます。また、赤ちゃんのときにしっかりハイハイなどの運動をしていると、首の力が育ちます。そして、離乳食をしっかり食べていくと、だんだんに唇や顎の筋緊張も育っていきます。そうすると、唇を閉じることができます。口を閉じることができれば自然に鼻呼吸をします。

口を開けっぱなしにしていることが多い場合は、おしゃぶりを使わなかったからではなく、唇、あご、首の力が十分に育っていないからと考えられます。別におしゃぶりに頼らなくてもいいのではないでしょうか。むしろ、おしゃぶりに頼ることで、子どもが受け身になったり、ことばを発しにくい状態にされるために言語の発達などに悪い影響が出てきたりすることのほうが心配されます。

●〇歳からの保育所

働くお母さんたちの心配のひとつに、「〇歳のときから保育所に預けて大丈夫かしら」というのがあります。幼い子どもは、お母さんが直接育てなければならないという考え方が、社会に強くあるからでしょう。でも子どもは、毎日の生活と遊びが豊かであれば、発達していきます。お母さんとずっと一緒にいなければならないということではありません。

以前、厚生省（当時）は、三歳まではお母さんと一緒にいないと発達にいろいろな悪い影響が出ると言っていました。「三歳児神話」と呼ばれているものです。働いているお母さんたちに「母親よ、家庭に帰れ！」というキャンペーンが張られていたこともありました。しかし、一九九八（平成一〇）年の「厚生白書」で「三歳児神話には科学的根拠がなかった」と厚生省自身が撤回しています。

子どもの発達にとっては、単にお母さんと一緒にいることが重要なのではなくて、生活と遊びが豊かになることが大事なのです。そのためには、いろいろな人の援助を受けることも必要です。お母さんが保育所と一緒に子育てをするという姿勢は、子どもにとって決してマイナスにはならないと思います。保育所には、赤ちゃんの友だち（赤ちゃんでも、ほかの赤ちゃんを意識できます）、専門家の保育士さん、お母さんのお友だちがたくさんいて、困ったときや心配なことがあるときはいつでも相談できます。離乳食なども、栄養士の指導のもとで、手作りされているところが多くなりました。赤ちゃんの発達についても、専門家としての保育士がきちんと見てくれています。そういう点では安心です。昼間は保育所で育ててもらって自分のやりたい仕事をし、でもその分、家にいるときには短い時間でもがんばって、豊かな質で子どもとかかわるというのもよいのではないでしょうか。

2

一歳児のポイント

●ハイハイから立っちへ（一歳すぎ）

ハイハイをしっかり経験した赤ちゃんは、ハイハイの運動の中で歩行の獲得に必要な力を培います。そして、最初のお誕生日を迎えるころから一歳四か月ごろまでの間に「立つ」力を獲得し、歩くようになります。歩き始める前に大事なことは、自分で床から直接立ち上がる力を獲得することです。

ハイハイを十分にしなかった子どもは、つかまり立ちをして、つかまり立ちから手を離して歩きはじめることが多いのですが、ハイハイをしっかりした子どもは、歩き始める前に自分の力で床から直接立ち上がることができるようになります。

ハイハイの中でも、特に「高バイ」を十分に経験した赤ちゃんは、一歳の誕生日を過ぎたころに、「高バイ」の姿勢からゆっくりと上体を起こし、立ち上がります。つかまり立ちではなく、床から直接自分の力で立ち上がるのです。立ち上がった子どもは、すぐに歩けるわけではありません。しばらくは、「立つ」だけで、すぐに再び両手を床についてしまいます。でも、立ち上がることをよろこび、立ち上がったり、両手をついたりということを繰り返します。立ち上がったときにおとなが拍手を送ると、子どももうれしそうに笑いながらパチパチと両手を打ち合わせます。とても楽しいおとなと子どもの共感の瞬間です。

立ったり手をついたりすることを何度も繰り返す姿が、数日は見られるでしょうか。このころの移動は「高バイ」です。そのうちに、立っているときのバランスがよくなってくると、一歩二歩と片足ずつ前に出し、歩行を獲得していきます。

●むずかしい所を歩くのが大好き！

歩き始めた子どもは、最初は、股を横に広げ、両手を上に挙げて、それでバランスをとりながら歩きます。このような姿を「ハイガード歩行」と言います。バランスがよくなるにつれ、手が次第に下がり、「ミドルガード歩行」を経て、「ローガード歩行」となります。一歳半ごろには、「ローガード歩行」がほぼ確立します。まだ、手を振って歩くことはできませんが、平行機能が育ち、手でバランスをとる必要がなくなったので、両手を下におろしているのです。このころ、脚はO脚状からX脚状に変化してきます。そして、立っている姿勢から、しゃがんで床や地面の物を触ったり拾ったりして、再び立ち上がるというようなこともできるようになります。

このころから、歩くことと走ることが分化し始めます。小走りでトコトコ走ることもできるし、おとなと手をつないでゆっくり歩くこともできるようになってきます。

ハイハイをしっかりした子は床から直接立ち上がる

このころの子どもは、活動意欲が高まり、歩くにしても抵抗のある場所を好むのが特徴です。散歩に出かけると、わざと塀と電信柱の間の狭い所を通りぬけようとしたり、歩きにくい砂利道の上を好んで歩いたり、歩道と車道の境として配置してあるブロックの上に乗り横向きに歩いたりします。まだまだおとなに抱っこしてもらうことが大好きな時期ですから、広くて歩きやすいところでは、すぐにおとなの前に回って、「アッコー（ダッコー）」と言いながら両手を広げたりします。でも、舗装されていない狭い道や、歩きにくい道に限って歩きたがるのです。できるだけ、変化のある所や、少しむずかしい所の歩行に挑戦させてあげたいものです。

●道具を使いはじめる（一歳半ごろ）

一歳半ぐらいになってくると、手でバランスをとらないで歩けるようになってきます。そして、そのころから手の力も育ち、かんたんな道具やおもちゃを本来の使い方で扱うようになります。

たとえば、スプーンも使えるようになってきます。まだまだこぼしながらですが、スプーンで食べ物を口へ運び始めます。砂場に行くと、スコップで砂をすくってカップに移して遊ぶこともし始めます。くしを持つと、それで頭をたたいたりします。くしで髪をきれいにとくことはできないのですが、くしが髪をとく道具であることがわかってきています。ハサミを持たせてみると、まだうまく使うことはできませんが、紙に押し付けたりします。ハサミは紙を切る道具ということが理解できているようです。このように、道具というものを理解する力が育ち、少しずつ使い始めます。

赤ちゃんのころには、物を渡したときに、それが何であっても操作がみんな一緒でした。たいていの場合、口に持っていってなめ、机とかに打ちつけて、結局放り投げるというパターンでした。先に紹介した、スプーンでもくしでもそうでした。そして、積み木のようなおもちゃでも同じでした。なめたり、チョチチョチと両手で打ち付けたり、パラパラっと机の上から払い落したりするだけでした。でも、一歳半を過ぎると、積み木を重ねて遊ぶようになります。積み木を、積み重ねるおもちゃとして使えるようになったのです。

このように、一歳半を過ぎると、かんたんな道具やおもちゃを、本来の使い方で使う力が育ってきます。これはとても大きな変化です。人間としての大事な力の獲得です。

●グルグル丸のなぐり描き（一歳半ごろ）

一歳半を過ぎるころ、描画にも大きな変化が見られます。一歳ぐらいの子どもが、鉛筆やマジックペンなどを持つと、手を上下に動かして、ペン先を紙にトントントントン…と打ちつけます。その結果、画用紙には、点々が残ります。一歳二～三か月ぐらいになると、ペンを横に往復運動させることを繰り返してなぐり描きをします。その結果、画用紙には、行ったり来たりする往復の線が残ります。そして、一歳半を過ぎると、グルグル丸のなぐり描きができるようになります。

往復運動のなぐり描きも、グルグル丸のなぐり描きも、どちらも手の運動の跡が残っているだけです。子どもは、「線を描こう」とか、「丸を描こう」と思って描いているわけではありません。ペンを持っている手を動かしたら、その跡が残ることが面白くて、なぐり描きをするのです。でも、往復運動のなぐり描きとグルグル丸のなぐり描きでは、発達的な意味がずいぶん違います。往復運動のなぐり描きの場合は、手を動かすときの支点が、肩とか肘とか、ひとつだけです。ところが、グルグル丸の場合は、肩と肘、あるいは肘と手首というように、支点が二つになっています。

子どもの体の発達は、中心から末端へと進んでいくという法則があります。最初は肩を中心に使って手を動かし、なぐり描きをしていました。次第に肘より上、肘より下、手首としっかりしてきます。手首のコントロール力が育つと、きれいなグルグル丸が描けるようになるのです。

点から往復運動のなぐり描き、そしてぐるぐる丸へ

手首のコントロールの力が育つと、ほかにもいろいろなことができるようになります。口の細い瓶の中に小さな物を入れて渡すと、赤ちゃんのときには、瓶をやたらに振って中のものを出そうとします。でも、一歳半ごろになると、ビンを逆さまにして、中の物を出すことができるようになります。また、水遊びの際にコップからコップに水を移し替えることを好んで繰り返したり、パックの中の牛乳を自分でコップに移したがったりもします。

グルグル丸もそうした力の育ちとして大切にしていきましょう。

●親指と人指し指で小さい物をつまめるようになる（一歳半ごろ）

一歳半ぐらいになると、小さい物をつまむ力も育ってきます。人間の手は、小指側から親指側へとだんだん機能分化し、発達していきます。

赤ちゃんのとき、最初は小指側を中心にした操作です。乳児期前半の赤ちゃんは、小さなものが目の前にあると、小指側からかき寄せるようにして取ろうとしますが、手のひらでつかもうとするので、なかなかうまくつまめません。

でも、一一か月ぐらいの子どもに、おはじきとか一円玉みたいな小さくて平たいものをつまませようとすると、親指と中指を中心に、ときにはそれに人差し指と薬指をそえて、たくさんの指でつまもうとします。「多指つまみ」です。まだ、中指を中心にした操作です。

一歳半ぐらいになると、親指と人指し指の先を向かい合わせて、小さい物をつまみ上げることができるようになります。まだ、つまんで手のひらに握り込んで次をまたつまむというような操作はできませんが、ひとつだけであれば、上手に親指と人指し指の先でつまみます。人さし指がだいぶ器用になってきたことがわかります。

●見比べて選ぶ力を獲得する（一歳半ごろ）

一歳半ぐらいになると、二つの物を見比べて選ぶ力を獲得します。子どもの前に、何かを二つ出して「どっちがいい？」と聞くと、子どもはその二つを見比べて、「コッチ」と好きなほうを選びます。そうした力が育つと、おとなが小さなものをどちらかの手の中に隠して、「さあ、どっちに入っているかな？」と聞き、子どもが入っているほうの手を当てるというような遊びが大好きになります。

私は発達相談のとき、保護者の方に、「大好きな食べ物が入っている二つのお皿を見比べて、少しでも多いほうをとろうとしますか？」とよく聞きます。二つの物を見比べて選ぶ力を獲

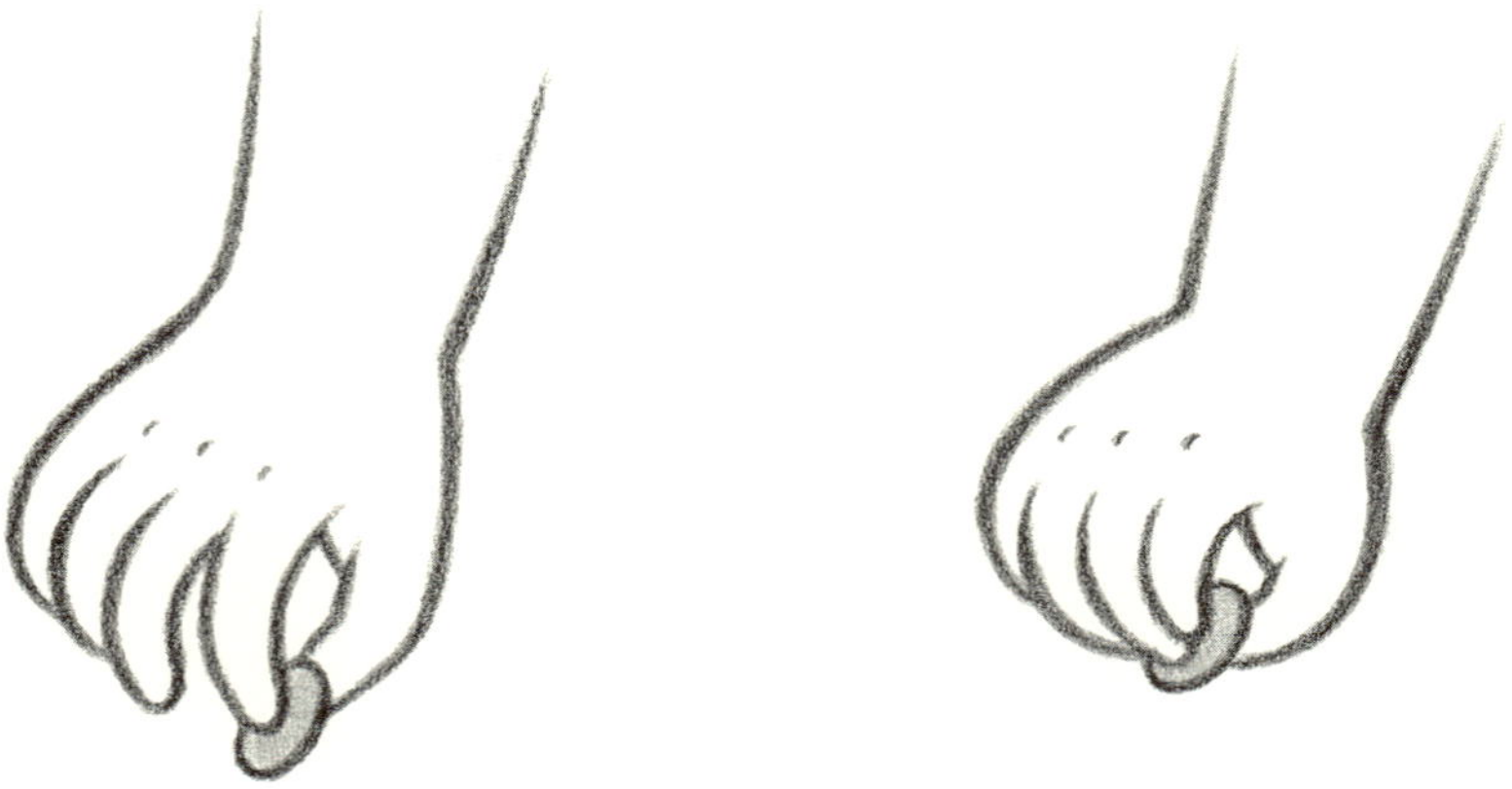

小指から親指側へと器用になっていく

得しているかどうかを知りたいからです。でも最近は、少子化で、少しの物を兄弟で分け合うことも少なくなったからでしょうか、「いつも、『あなたのはこれ』ってあげているので、見比べさせたことがありません」と言われる方が多くなりました。

できるだけ選択場面を多くして、見比べる力、自分で選ぶ力を育てていくようにしましょう。

●ランチ皿は使わないで

私は、「一歳半になったら、ランチ皿を使うのをやめましょう」とお母さんたちに提案しています。ランチ皿の場合、ひとつのお皿の中にご飯もおかずも全部入っています。食べたらお腹の中では全部一緒になるわけですから、栄養的にはどんな食器でも同じです。でも、認識と味覚の発達を考えると、できるだけご飯とおかずが混ざってしまわないように、区別して食器を使うことが大事だと思うのです。

毎日の食事のときに、ひとつのお皿の中で、ご飯とおかずも混ざって一緒になってしまうのと、ご飯のお茶碗とおかずのお皿とお汁のお椀《わん》に分かれているものを見比べながら、「こっち

食事のときも、見比べる力を

食べようかな、こっちにしようかな」などと考えながら食べる経験を積み重ねるのとでは、多少、認識の発達にちがいが出てくるのではないでしょうか。

また、味覚の発達にも少なからず影響が出ると思います。ご飯もおかずも混ざって一緒になってしまうのではなく、一つひとつの料理の異なる味を楽しみながら食べることを幼いころから習慣づけるほうが、偏食にもなりにくいと思われます。

その点では、最近子どもたちの食事が、カレーライスとか丼物とか、一品ものが非常に多くなっているのが気になっています。背景には、お母さんは忙しいし、一品ものは子どもが大好きでよく食べてくれるし、ひとつの料理の中にいろいろなものを入れたら簡単に栄養も取れるしというようなことがあるでしょう。でも、毎日、丼物、焼きそば、カレーライスというような一品もののメニューのくり返しで育つと、子どもは濃い味になれしまい、偏食になりやすいと考えられます。白いご飯と薄味のおかずを基本とした食生活のほうが、味覚の発達において偏りが少なくなります。ときどき、「今日は子どもが好きなカレーライス」とか、「好物の焼きそば」とかが出てくるのは、子どもにとって楽しいことです。でも、毎日になってしまうと、楽しみでもなくなってしまいます。

食事は、子どもの発達にとって欠かせない大切なものです。ちょっとしたことではありますが、工夫をしてみてはどうでしょうか。

●「手伝い遊び」を（一歳半ごろ）

ことばを理解する力が育つと、子どもは、おとなから言われる簡単な用事ができるようになります。たとえば、おとなが何かを指さして「あれ、持ってきて」というと、子どもはそのことばを理解し、さされた物を取りに行って持ってきます。「お父さんに、これをハイしてちょうだい」というと、お父さんに渡しに行きます。「これ、ごみ箱にポイしてきて」というと、渡された物を持ってごみ箱のところまで行って捨てます。面白いことに、一歳半ごろの子どもは、そのあと必ずおとなのところに戻ってくるのです。そのときの表情は得意満面です。そして、「次は？」とでもいうような表情でおとなの顔を見ます。「じゃあ、次はこれをポイしてきてね」と言うと、もう一度捨てに行き、またうれしそうな顔をして戻ってきます。こんなことを何度も繰り返し、「手伝い遊び」を楽しむようになります。

一歳半ごろの子どもは、おとなのことばを理解し、それによって見通しのある行動をとることができるようになります。子どもは、できるようになったことを何度も繰り返すのが大好きです。楽しく「手伝い遊び」をさせてあげるといいですね。

●質問に指さしで答える（一歳半ごろ）

一歳半ごろになると、からだや手の力の発達に伴って、ことばの力も育ってきます。そして、おとなの質問に指さしで答えるようになります。

指さしは、「三項関係」が形成される一〇か月ごろから発達していきます。赤ちゃんは、一〇か月ごろになると、おとなの指さしに反応して、指さされたものを見るようになります。一一か月ごろには、自分が気づいたものをやたらと指さすようになります。まだ親指が立っていてピストルみたいな格好の指さしになっていることが多いのですが、「アッ」「アッ」という声を発しながら、いろいろな物を指さします。そのときに、赤ちゃんが指さしたものをおとながことばに置き換えてあげて、「あ、ワンワンだね」とか「お花だね」と言ってあげるとよいでしょう。赤ちゃんは、おとながことばをそえてくれるのを期待しながらしきりに指さします。やがて、欲しい物があると、「アッ、アッ」と発声しながらそれを指さして表現するようになります。そのときに赤ちゃんは、欲しいものを指さしながら、欲しいものとおとなの顔を交互に見て、指さしと眼でおとなに訴えかけています。

そして、一歳半ごろになると、おとなの質問に答える指さしを獲得するのです。おとなが「おめめ、どこ?」と尋ねると、自分の目を指さします。絵本を見せて、「ワンワン、どれか

気づいたものを指さす→要求の指さし→質問に答える指さし

な?」と聞くと、犬の絵を指さして教えてくれます。ときには、子どもも「ワンワ(ン)」と言うことがあります。このときには、人さし指だけを立てたきれいな指さしになっています。このように、おとなからの質問に答える指さしは、「可逆の指さし」と呼ばれています。ことばの理解がしっかりしてきたことがわかります。

●一語文が増えてくる(一歳半ごろ)

子どもは、一歳すぎから少しずつ一語文を獲得します。一語文とは、「マンマ」「ワンワン」「ブーブー」など、赤ちゃんにとって聞き取りやすく発声しやすい音を使って、短く構成された赤ちゃん語です。単語でしか話せない時期ですが、その単語に子どもは文としての思いを込めているので、一語文と言います。たとえば、赤ちゃんが「マンマ」と言ったとき、それはただ単に「ご飯」と言っているのではなく、「お腹すいたからご飯食べさせてよ」というような意味を込めて表現しているのです。おとなは、その単語に込められた文としての意味(子どもの気持ち)を理解しなければなりません。

一歳半ごろを境に、この一語文は急激に増えていきます。単に量が増えるだけではなく、質的にもずいぶん変わります。ことばが増えていくなかで、一歳半ころから一語文は分化していきます。一歳二~三か月の子どもは、動物を見たら何でも「ワンワン」です。大きいゾウを見ても、小さいネズミを見ても、全部「ワンワン」なのです。それが一歳半を過ぎるころから、猫をみれば「ニャーニャー」、ねずみに対しては「チューチュー」、ライオンを見たら「ガオー」、牛を見たら「モー」ということばを添えるようになります。また、食べ物はすべて「マンマ」だったのが、「ニューニュー（牛乳）」「ブー（お茶）」などの使い分けができるようにもなります。

そのことの意味は、単にことばの数が増えたということだけではありません。それらの一つひとつを区別する認識の力が発達し、言語の用い方が厳密になったことを示しています。すべての動物を未分化に「ワンワン」と理解していたのが、猫は「ワンワンではなくてニャーニャーだ」ということが理解できるようになった証なのです。未分化だった認識が分化して、ことばを厳密に使えるようになっていくのが、この時期のひとつの特徴と言えます。ことばの数にこだわるのではなく、それを使う子どもの気持ちや認識に注意を向けていくようにしましょう。

●何でも「イヤ！」「イヤ！」は自我の芽生え（一歳半ごろ）

一歳半ごろになると、子どもは「イヤ」ということばを獲得

猫を「ワンワンではなく、ニャーニャー」と理解する

し、それを連発するようになります。おとなのことばに対して、何でも「イヤ」と応えるかのようにさえ思えます。でも、これは、大切な一歳半ごろの発達特徴のひとつです。自我が芽生えてきた証拠なのです。

一歳半ごろになると、自我が芽生え、「自分」という意識が少しですが頭を持ち上げてきます。「おとなの言いなりにはならないぞ。自分で決めたいんだから」という気持ちが芽生えてきたのです。ですから、おとなから言われる命令形のことばが大嫌いになります。「○○しなさい」と頭ごなしに言われると、必ず「イヤ！」と反応します。そうでないときでも、場面の状況がよくわからない場合には、とりあえず「イヤ！」と言います。子どものことばの理解はよくなっているのに、おとなのほうは、子育てにむずかしさを感じるようになる時期でもあります。こうした自我の芽生えは、大切に受け止めてあげましょう。少年期、思春期を見とおしたとき、自我がしっかりと育つことはとても大切なことなのです。

ところで、子どもが「イヤ！」と言うとき、その行為が「イヤ」なのではありません。私がクミちゃんに初めて会ったときのことです。「おはよう」「イヤ！」「積み木で遊ぼうか」「イヤ！」「こっちにおいでよ」「イヤ！」。まさに、「イヤ！」「イヤ！」の連発です。私は、一人で積み木を使って、できるだけ楽しそうに遊び始めました。さっきまで、積み木で遊ぶのを「イヤ」と言っていたクミちゃんは、少しずつ私に近づいてきました。そして、そっと積み木に手を伸ばし、それを積み始めました。積み木を使って遊ぶのが「イヤ」だったのではないのです。初めて出会った人とかかわることや、何かをさせられそうな雰囲気に不安を感じたのです。

また、こんなこともありました。太郎君は一歳七か月です。しばしばオシッコでパンツをぬらします。お母さんがぬれたパンツを脱がせてきれいなのをはかせようとすると、いつも必ず「イヤ！」と言って逃げ出します。お母さんが追いかけると、よけいに逃げます。そして、追いかけてくるのを期待して確認するかのように、後ろを振り向きます。あるときお母さんは、パンツを持って太郎くんを追いかけながら、わざと太郎君を追い抜いてみました。驚いた太郎君は、今度はお母さんを追いかけてきたそうです。お母さんとかかわることが「イヤ」なのでも、パンツをはくことが「イヤ」なのでもなかったのです。とにかく、おとなの言いなりになることが「イヤ」だったのです。ほんの少しですが、「自分」というものが頭を持ち上げて、自己主張をすることが始まったのだと考えられます。

そんなとき、子どもの自己主張を受け止めて、自己決定させてあげるとよいと言われています。「このパンツをはきなさい」とおとなが命令するのではなく、「このパンツと、このパンツと、どっちがいい？」と選ばせてあげるのです。一歳半ごろは、二つの物を見比べて選ぶ力を獲得しています。ですから、パンツを二つ出されて「どっちがいい？」と聞かれると、ちゃんと見比べて好きなほうを選びます。自分で選んで決めたのですから、納得してパンツをはきます。「イヤ」「イヤ」を連発するようになったら、できるだけ選択場面を多く設定し、自己決定させてあげるといいです。二歳ごろまでは、結構これで行動の切り替えがうまくいくことが多いようです。でも二歳半ごろになると、それではごまかせなくなります。「ドッチモ、イヤ」と反応できるようになるからです。これも、認識の育ち、自我が拡大してきた証拠です。

なお、この時期の子どもは、言語で行動を触発することはできるけれども、言語で行動を抑制することができないと言われています。「○○しようね」「○○してね」というような行動を引き出すことばかけは大切なのですが、「じっとしていなさい」「やめなさい」「おとなしくしていなさい」というようなことばをかけられた場合、その意味を理解して行動を抑制することは困難なのです。できるだけ行動を引き出すようなことばで子どもに話しかけていきたいものです。

●ことばを発達させる土台の力

「ことばの発達が少しおそいのではないかしら」と不安に思ったとき、ことばを教え込もうとあせって、口うるさくクドク

自己決定の機会をふやしてあげる

ドとことばをかけてしまうことがあります。たとえば、おやつにリンゴをあげるとき、「これはリンゴ、リンゴって言うのよ、リンゴ。リンゴって言ってごらん。言ったら食べさせてあげるよ」というような対応をしてしまうかもしれません。こんな対応は、かえってよくありません。子どもにストレスを与えるだけになってしまいます。

　子どもは、ことばをひとつずつ教え込まれて覚えていくわけではありません。いろいろな力が育つなかで、脳が発達し、ことばを獲得していくのです。言語は、総合力とも言われています。ですから、ことばの力を育てたいと思ったら、ことばだけにとらわれるのではなく、全体の力を育てていくという視点が大切なのです。

　ことばの発達の土台となる力のひとつは、人間特有の直立姿勢の力です。すなわち、しっかり立つという力の育ちです。二つ目は、直立二足歩行の力です。直立姿勢をとったうえで、しっかり歩くという力の獲得です。三つ目は、手の力です。小さい物を親指と人さし指の先を向かい合わせて上手につまむという手先の操作能力は、言語の獲得につながります。四つ目に大

ことばは、総合力として育つ、教えこむのはマイナス

切なのは、人と笑顔でかかわる力です。笑顔と笑い声を他者と共有できる力は言語発達の土台となります。五つ目は、象徴機能と言われるものです。具体的には、おとなが指さしたものに反応する、あるいは自分が気づいたものを指さす、ほしいものを指さして要求する、おとなの質問に指さしで答えるといった指さしの力です。

さらに、発声の力が育つこともことばの獲得のためには大切です。発声の力を育てるためには、まず首の力を育てるような全身運動をしっかりすることや、声を出して笑うような楽しい遊びを通して笑い声をたくさん出すことが大切です。また、発声器官の力が育つためには、しっかりよく噛《か》んで食べる力も必要です。食事のときの「モグモグ、ゴックン」は、言語獲得の土台を育てる活動でもあるのです。

ことばの発達に少し気になる部分がある場合は、専門機関に相談にいきましょう。そして、日常生活の中では、規則正しい生活やよく噛んで食べるということを大事にしながら、その上で、全身運動をしっかりし、手先の操作を豊かにし、楽しく声を出して笑うような遊びを保障しましょう。そのことが、ことばの発達につながっていくのです。

●生活リズムを大切に

赤ちゃんのときから朝のスタートを一定にして、規則正しい生活になるよう心がけていると、一歳半ぐらいから、生活リズムがかなり安定してきます。赤ちゃんのときは、なかなかリズムがつきにくいものです。一度寝たらいつまでも寝ている赤ちゃんもいますし、反対にとても寝付きが悪い赤ちゃんもいます。でも、朝のスタートを一定にする努力を根気よく続けていると、だいたい一歳半ぐらいでリズムが整ってきます。それを見とおして、赤ちゃんのときからがんばるといいと思います。

さて、生活リズムを整えるためには、毎朝決まった時間に笑顔で起こすこと、そして冷たい水で顔を洗うこと、その上で服を着替えることを習慣づけるようにしましょう。

まず、朝のスタートを一定にするためには、毎朝決まった時間に起こすことが大切です。そのうちに子どもは、自分で目覚めるようになってきます。

そのとき、笑顔で起こさないと効果がありません。子どもは、楽しいことがあると早くさわやかに目覚めるのですが、嫌なことがあると思うとなかなか起きられません。以前、「うちの子は、遠足の日と日曜日だけ早く起きるのです」と訴えたお母さんがいました。子どもにとって遠足の日は楽しいですよね。毎朝、起こされた後は、「早く○○しなさい」「早く△△しなさ

毎朝、決まった時間に笑顔で起こす

い」とせかされ、叱られてばかりの生活をしていたのでは、起きるのが楽しくありません。でも日曜日は、お母さんもゆっくりしていて、あまり叱られないので、楽しいのかもしれません。

また、目覚めた後、冷たい水で顔を洗うと、その刺激で大脳の覚醒レベルが上がると言われています。さらに、一度着ていた物を全部脱いで肌を空気に触れさせることにより、脳はより目覚めます。いつまでも、パジャマのままで遊ばないようにしましょう。昼間の活動の服に、きちんと着替えるように習慣づけてあげると、気持ちもすっきりと切り替わるはずです。

●歩くのが遅いのだけれど……?

この時期によく受ける相談のひとつに、「歩くのが遅いのだけれど…」というのがあります。歩行の獲得は、発達の中でもわかりやすいものであるだけに、関心も高いようです。歩くのが遅いと、お母さんやお父さんはどうしてもあせってしまいます。そして、無理に子どもを立たせて手を持ち、歩く練習をさせがちです。でもそれは、子どもの発達にとってはあまり好ましくありません。

歩くのが遅くても、しっかりハイハイをさせてあげることが大切です。また、ゆさぶり遊びの中で平行機能が育ちます。十分なハイハイとゆさぶり遊びの中で、歩くための力が育ちます。あせらずに土台の力を育てていきましょう。

なお、運動面で気になるところがあるようでしたら、念のために、専門医に診てもらうとよいでしょう。

●絵本はいつから?

絵本はいつごろから読ませてあげたらいいのでしょうかという質問を受けることがあります。赤ちゃん向けにも、『いないいないばあ』(童心社)など、いい絵本がたくさん出ています。座位が安定して、おとなの指さしたものを見る力(「三項関係」の形成)がしっかりしたら、子どものよろこぶ絵本を少しずつ読んであげるのもよいでしょう。赤ちゃんも、けっこう絵本をよろこびます。

●「かみつき」が多いのだけれど……?

一歳児では「かみつき」の相談をよく受けます。「よくほかの子どもをかむのですが……」と心配するお母さんや、「クラスの中で、子ども同士のかみつきが多くて……」と悩む保育士さんがたくさんいます。

幼い子どもがかみつくとき、悪気があって「いじめてやろう」と思っているわけではありません。子どもは育ちの中で、次第に友だちやほかの子どもへの関心が高くなります。でも中には、人とかかわる力がまだ弱くて、ことばや遊びを通してかかわることが下手な子どももいます。そんなとき、相手が大きく反応するやり方でかかわってしまいます。かみついたり、髪の毛を引っ張ったりすると、相手の子どもは、大きな声をあげて泣きます。さらに、たいていの場合、おとなが飛んできて叱ってくれる（かかわってくれる）ことになります。かみついた子どもがそういうことを頭の中で計算しているわけではありませんが、対人関係の育ちに少し弱さがあると、乱暴なかかわり方をしてしまうようです。

しばしばかみつく子がいたら、人とかかわる力を育てていくことを中心に考えましょう。まず、おとなとの楽しい遊びを豊かにしていくことが大切だと思います。遊びを通して人とかかわる力がついてきたり、ことばが育ってきたりすると、かみつきはだんだん減っていくと考えられます。反対に、普段あまりおとなに遊んでもらうことが少ないのだけれど、友だちにかみついたときに、必ずおとながかかわってくれる（叱られることも含めて）という経験を積み重ねると、かみつきは減らないことが多いようです。

また以前、研究会でおもしろい話を聞いたことがあります。保育所の一歳児クラスでとてもかみつきが多かったので、どん

かみつき—おとなとの遊びを豊かにし、遊びを通して人とかかわる力を育てる

な時間に多いかということを園内で話し合ったそうです。その結果、その園では、保育者の数が多く、子どもの遊びが充実している午前中は比較的かみつきが少なく、午後、少し保育が手薄になる時間帯にかみつきが増える傾向にあるということに気づいたそうです。一歳児は友だちへの関心は高いのですが、友だちと楽しくかかわるためには、まだまだおとなの支えが必要な時期です。そのため、おとなの手が少ないときには、かみつきも多くなるものと考えられます。そこで、かみつきが多い時間帯の保育内容や保育士のかかわり方を工夫したところ、かみつきも減ってきたという実践でした。

家庭や地域でも同様です。一～二歳児ころは、お友だちと遊ばせようと思って友だちの家や公園に行ったとき、「さあ友だち同士で遊びなさいね、私たちは親同士でおしゃべりだからね」ということにしてしまうと、しばしば子ども同士のトラブルが起きます。すぐにケンカになったり、おもちゃで友だちの頭をたたいたり、かみついたりという行動に出てしまいます。そんなとき、「友だちと遊ぶのはまだ早い」と否定するのではなく、できるだけおとなも入って一緒に楽しく遊ぶようにしてみてはどうでしょうか。

3

二歳児のポイント

●X脚の時期

二歳児になると、両足で跳ぶ・走る・登る・しゃがむ・くぐるなどの基本的な動作を獲得していきます。三歳ごろになると、高いところから両足をそろえて飛び下りることもできるようになります。

このころから、子どもの足はX脚になっていきます。赤ちゃんのときはみんなO脚です。でも、ハイハイの姿勢から立ち上がることを覚えた後、立っている姿勢からしゃがんで物を拾ってまた立ち上がるという力を獲得する一歳半ごろから、足はX脚になっていくのです。床に座るときには、好んで正座をすることも多くなります。やがて、幼児後期になると平行脚を獲得していきます。

ところが、X脚がきつい子どもは、いつまでもトンビ座りをしていることがあります。トンビ座りとは、正座の姿勢から両足を左右に広げてお尻をその間に落とした座り方のことです。正式には割座と言います。典型的なX脚の座り方で、太ももがやや内転している状態です。最近は、子どもの足腰が弱くなったと指摘されている中で、大きくなってもトンビ座りをする子どもがとても多くなりました。

子どもがトンビ座りをしているとき、「そういう座り方をしちゃだめよ」と言う必要はまったくありませんが、歩く活動を大切にしたり、リズム運動をしたり、足腰を強くするような遊びを工夫してあげた方がいいと思われます。

●グルグル丸の絵に意味づけをする

二歳半ぐらいの子どもの絵は、グルグル丸のなぐり描きが中心です。一歳半を過ぎた子どもの絵と一見同じに見えます。でも、一歳児の描画とは大きな違いがあります。グルグル丸を描いた後で「何を描いたの？」と聞くと、二歳半ごろの子どもは、「デンシャ」とか「バス」とか「オ母サン、描イタ」とか、何かを答えてくれるようになります。これを「意味づけ」と呼んでいます。グルグル丸を、後から何かに見立てているのです。ことばの発達に支えられた二歳半ごろの描画の特徴のひとつです。やがて三歳ごろに、閉じた一重の丸が描けるようになると、さらに描画は飛躍的に発達します。それは、また、三歳児のところで述べたいと思います。

●おとなことばへの切り替え

二歳児はことばがどんどん増えていきます。子育ての中で、毎日一緒に生活していても、「えー、こんなことばいつ覚えたの？」という発見が多くて、楽しいときです。語彙がどんどん拡大していきます。でも、口はすごく達者なのに行動が伴わな

同じなぐり描きでも意味づけをするようにする

くて、おとなは子どもに振り回されてしまいやすい時期でもあります。

この時期、赤ちゃん語からおとなのことばへの切り替えを意識的にしていくことが大切です。赤ちゃん語というのは、「マンマ」「ワンワン」「ブーブー」など、赤ちゃんが聞き取りやすくて真似しやすい音声で作られたことばです。赤ちゃんのときには、赤ちゃん語でことばがけし、模倣させてあげることがとても大事です。けれど、いつまでも赤ちゃん語を使うのは好ましくありません。ことばが幼稚なままだと、子どもの認識も幼くなってしまいます。ですから、ある時期、赤ちゃん語からおとなのことばへの切り替えが必要になります。その目安は、だいたい二歳半ごろだと思われます。

二歳半ごろになったら、「あ、ワンワン、犬、来たね」とか、「飛行機、ブーンブーン、飛んでるよ」というふうに、意識的に赤ちゃん語とおとなのことばを重ねてことばがけをしてあげましょう。赤ちゃん語とおとなのことばは、どちらが先でも構いません。一時期、赤ちゃん語とおとなのことばを重ねてあげながら、徐々におとなのことばに切り替えていきましょう。

●二歳児は質問魔

二歳半ごろになると、子どもの話しことばは飛躍的に拡大していきます。三語文や多語文を話すようになり、「口が達者になった」という印象を受けます。まだ助詞をうまく使いこなすことはできず、「パパ、カイシャ、イッタ」というように単語をつなげた話し方ですが、その後ことばが豊かになるに従って、次第に助詞や接続詞も使えるようになっていきます。

このころの子どもは、ことばを使ってコミュニケーションすることが、楽しくてなりません。それで頻繁におとなに質問をするようになります。一歳半過ぎには、「ナニ?」「コエ、ナニ?」という質問を連発していましたが、二歳半過ぎの質問はもう少しむずかしいものになります。「ドウシテ?」「ナンデ?」「ドウヤッテ?」と聞いてくるのです。とても答えにくい質問です。しかも一度答えた後、さらに「ソレハ、ドウシテ?」と質問してきます。しつこいのです。

このとき、子どもは「どうしてだろう?」「なぜだろう?」と真剣に考えているわけではないと思われます。子どもの本当の思いは、疑問ではなく、おとなの気持ちを自分に向けたいのではないでしょうか?「ねえ、こっち向いて、お話ししてよ」という思いを込めて、質問の形で話しかけてくるのだと思います。ですから、「そんなことは、おとなになったらわかるわよ」「小学校に行ったら勉強するわよ」とか、「後でね」というような返事では、子どもは納得しないのではないでしょうか。

子どもは、内容にこだわってしつこく質問しているわけではなく、対話を楽しみたいと思っているのです。その気持ちを受け止めてあげましょう。「ドウシテ?」

とむずかしい質問をされたら、「どうしてかなあ?」と一緒に考えてみましょう。そうすると、中には、「ワカッタ、キット〜ダトオモウ」とか、「オモイダシタ」などと言って、自分で答えを見つけて話し始める子どももいます。アニミズム(すべての物や動物にも人間と同じように魂があるという考え方)と言われる思考の時期でもありますから、真実の答えより、むしろメルヘンチックな答えをよろこびます。子どもとのたわいない対話を楽しんでみてはどうでしょう。

●「大きい―小さい」がわかる

言語の飛躍的発達の中で、新しい概念も形成されていきます。二歳半ごろに獲得するもののひとつに、「大きい―小さい」という比較の力があります。子どもに、大小二つの丸を描いた物を見せて、「どっちが大きい?」と尋ねると、大きいほうを指さして、「コッチ」と答えられるようになるのが二歳半ごろなのです。

それまでの年齢の子どもも、一歳半を過ぎると、漠然とした大きさの比較はできるようになっていますから、大きいおせん

おとなの気持ちを自分のほうに向けようとして

べいと小さいおせんべいを出して、「どっちがいい？」と聞くと、見比べて大きいおせんべいを取ります。このように、好きな食べ物であれば見比べて大きいほうや多いほうをとることができます。また、大きいコップの中に小さいコップを入れて重ねることもできます。「感覚運動操作」を通して、大小比較はできているのです。でもこの時期では、まだ言語を用いて比較することができません。「どっちが大きい？」と聞かれても答えられないのです。

二歳半になるとそれをことばで比較できるようになります。「対位概念」を獲得し始めたと言えます。「大きい—小さい」だけではなく、「多い—少ない」「長い—短い」「好き—嫌い」という比較もできるようになっていきます。

しかしこの時期は、厳密に言うと、「大きい—小さい」ではなく、「大きい—大きくない」というように、一方を否定する形での「対位概念」から獲得し始めると言われています。幼児前期の子どもが、「好キクナイ」「キレイクナイ」という表現を用いる場面にしばしば出合うのも、こうした理由からです。そのころの認識としてはきわめて自然な表現なのです。成長する

大小の比較ができるようになる

にしたがって、「キレイクナイ」というのは「キタナイ」、「好キクナイ」は「嫌イ」ということが、次第にわかってきます。

●「みたて」の力、「つもり」になる力

二歳半以降の子どもは、「みたて」の力が飛躍的に拡大します。まさに「みたて」まくります。たとえば、二本の鉛筆を交差させて「ヒコーキ」と言ったり、食べかけで形の変わった食べ物を見て「オヤマミタイ」と言ったりします。あるいは、粘土を細長く丸めて「ヘビ」ということばをそえることで、ヘビにみたてることができます。そして、「ヘビダゾー」と友だちに見せると、友だちも「キャーッ」とこわがってみせます。本当のヘビではないことはお互いにわかっています。また、土を丸めて「オダンゴ」ということばをそえることで、団子にみたて、さらに食べる「つもり」の動作をします。実際は、泥であることは、子どももよく承知しています。その上で、ことばを使って、具対物を超えたイメージを持つことができるのです。「みたて」は、言語を持っている人間だけの大事な力です。

このような言語機能の拡大によって「つもり活動」も活発に

ごっこ遊びを発展させることができる時期

なります。本当は子どもだけれども、遊びの中ではおかあさんになることができます。実際には食べられない物だけれども、食べる「つもり」の動作をしてみせます。こうした「みたて」「つもり」活動は、幼児後期の「ごっこ遊び」の土台の力として、とても大切です。言語によるイメージを拡大させながら、それを他者と共有できたときに、「ごっこ遊び」は発展していくからです。

しかし、二歳児は、まだみたてたイメージやつもりを、友だちと共有できるほどみたての力が豊かではありません。友だち同士でイメージを発展させることはなかなかむずかしいようです。おとなの支えが必要なのです。

たとえば保育所の二歳児クラスで、子どもをオオカミグループと子ヤギグループに分けて「オオカミと子ヤギごっこ」を始めると、子ヤギだったはずの子どもがいつの間にか勝手にオオカミになって追いかけているというようなことがあります。でも、おとなの支えがあれば、「みたて」「つもり」の力を発揮して、友だちとの「ごっこ遊び」を発展させることができます。たとえば、子どもをオオカミと子ヤギのグループに分けるのではなくて、おとなである保育者がオオカミになって子ヤギの子どもたちを追いかけていくという遊びにすれば、子どもたちもイメージを共有して「オオカミと子ヤギごっこ」を楽しめるでしょう。

この時期には、家庭でも、「オカアサン、レストランゴッコシヨウ」とか、「オ店屋サンゴッコシヨウ、オ客サンニナッテ」と言ってくることがよくあります。一緒に「ごっこ遊び」を楽しんでみましょう。

●箸を使うのはいつから?

「お箸は、いつごろから使わせたらいいでしょうか?」という質問を受けることがあります。お箸への興味は子どもによってずいぶん異なるようです。お兄ちゃんやお姉ちゃんがいて、早くからお箸に興味を持つ子どももいれば、いつまでもスプーンを使いたがる子どももいます。でも、適切な時期にお箸の使い方を教えてあげたほうがよいと思っています。

私は、手の操作性の発達から考えて、指で「三つ」ができることと、閉じた丸が描けるようになることが、大まかな目安になると考えています。つまり、おとなが、「三つしてごらん」と見本をつくってみせたときに、それを真似て指を「三つ」の形にできるかどうか、そして、グルグル丸ではなくて、閉じた一重の丸が描けるかどうかです。これができ始めたときには、お箸を使う指先の機能分化の力を獲得していると考えられますので、お箸の使い方を教えてあげるとよいと思っています。

これらは、概《おおむ》ね三歳前後に獲得する力です。ですから、たとえば三歳のお誕生日にお箸を買ってあげるというのもいいと思います。ある保育園では、二歳児のお誕生会（子どもは三歳のお誕生日を迎えます）に、園長先生がお箸をプレゼントするということをしておられます。

子どもがお箸に興味を持っていない場合は、おとながお箸を使っているところを「かっこいいでしょう?」と見せてあげることから始め、少しずつ慣れさせてあげましょう。嫌がっている子どもに無理強いすると、お箸を使うことがよけいに嫌いになってしまうかもしれません。

反対に早くからお箸を使いたがった子どもは、握り箸や上手持ち(お箸の上から握る持ち方)のような変な使い方を覚えてしまっているかもしれません。この場合も、概ね《おおむね》三歳ごろの力が育ってきたときに、かっこいいおとなの使い方(正しい使い方)を教えてあげるとよいのではないでしょうか。

●テレビを見せる? 見せない?

以前、こんなことがありました。三歳くらいの男の子を連れたお母さんが相談に来られました。「ことばが遅い」とのことでした。その子どもには、ことばだけでなく、発達全体の遅れがありました。いろいろな話の中で、テレビも話題になりました。

家ではテレビがつけっ放しになっているようでした。私は、言語でコミュニケーションする力がしっかり育つ前にテレビを長時間視聴させることは好ましくないと思っていましたので、お母さんにそのことをお話ししました。お母さんは、「いいえ、我が家では、できるだけビデオやテレビを見せるようにしています」とおっしゃいました。「おとなもテレビを通していろいろなことを知ることができます。子どもも同じだと思います。多くのことが学べると思います」というのが、そのお母さんの意見でした。

私は、子どもにとって、テレビはどのように見えているでしょうかという問題提起をしました。おとなが見ているように子どもにも見えているのでしょうか。テレビの画面は平面です。おとなはたくさんの実体験を積んでいますから、平面に映った画像から立体をイメージできます。実物を見たことがなくても、およそどんなものか想像することができます。大きさについても同様です。大きなものが小さな画面に映っていても、実物の大きさをイメージすることができます。それまでにたくさんの実体験を持っているからです。でも、幼い子どもはどうでしょうか。見て認知する力も未発達な赤ちゃんが、平面であるテレビの画面を見て、立体的に理解できるでしょうか。小さく映っているものを見て、実物を想像できるでしょうか。あるいは、拡大された映像で、実物の小ささをイメージできるでしょうか。テレビのような媒体を通して学ぶためには、それまでに実体験をたくさん積んでいないといけないのです。子どもは小さなおとなではありません。幼い子どもがおとなと同じように見たり聞いたりできていると思ってはいけないのです。

そのような説明をすると、先のお母さんは、「それでわかりました」とおっしゃいました。その子どもはビデオの「きかんしゃトーマス」が大好きで、毎日繰り返し見ていたそうです。あるとき、遊園地にきかんしゃトーマスの模型の展示があるということで、お父さんとお母さんは子どもを連れて行きました。きかんしゃトーマスの大好きな我が子はどんなによろこぶだろうと、期待に胸をふくらませて行かれたことと思います。でもその子どもは、よろこぶどころか、怖がって大泣きだったのです。お母さんが、「ビデオで見るトーマスと、実物のトーマスは、この子の中では同じ物ではなかったのですね」とおっしゃったのが印象的でした。

特に、テレビは、幼い子どもの言語発達に悪い影響を与えると言われています。そもそも、テレビというのは、子どもの反応と関係ない一方的な刺激です。しかも人間の肉声とは異なる機械音です。それが、常時一方的に流れていると、自分に話しかけられる人間の声に対する反応が弱くなる可能性があります。テレビがついていると、おとなが子どもにかかわらなくても、刺激があふれているために、退屈しないかもしれません。でも、おとなとの直接のかかわりが減ることによって失うものも多いのではないでしょうか。ですから私は、言語でコミュニケーションができるようになるまでは、テレビをあまり見せないほうがいいと思っています。

三歳ぐらいの力が育ち、対話がしっかりできるようになったら、ある程度見せてもいいと思います。でも、長時間の試聴や、見ていないテレビのつけっ放しはよくありません。目安として、一日三〇分以内にしたいものです。それ以上になると、幼い子どもの集中力は限界です。テレビの刺激は強烈なので、子どもがじっと画面を見ているように見えても、長時間になると、集中して内容を理解することはできません。子どもが幼いうちは、内容も考慮して、三〇分以内の番組を選び、それを見終わったら消すという習慣をつけるほうがよいでしょう。

子どもが幼いときには、直接人とかかわって共感し合うことや、いろいろなことを実際に体験することを大切にしたいものです。今の社会状況の中では大変だとは思いますが、子どもをテレビ漬けにしない子育てを工夫してみましょう。

●いつまでもオムツをしないで

二～三歳になっても、子どもにずっとオムツをさせている方がいます。オムツをはずすことをお願いすると、「寒いから・・・」とか、「夏になったら・・・」と言われることがあります。でも、オムツは防寒着ではありません。

オムツをすると、その厚みのために動きが不自由になります。〇歳児のところでも述べましたが、腰を解放して動きやすくしてあげるためには、昼間活動するときにオムツをはずしてあげたほうがよいのです。「オシッコ」と自分から教えるようにな

おむつはできるだけ早く、はずしてあげよう

るまで待つのではなく、意識的にパンツに切り換えてあげましょう。

二～三歳になると、排尿便をコントロールする力もついてきます。その力を育ててあげることも大切です。失敗して汚されるのを嫌がって、いつまでもオムツをしていたのでは、その力が育ちません。少々失敗をしてもいいというおおらかな気持ちが必要です。

三歳ごろになると、体も大きくなっていますから、トイレを使うことができます。洋式トイレの場合は、踏み台や、便座の上に置く小さな便座などを用意してあげるとよいでしょう。和式トイレの場合は、昔からよくされていたように、おとなが子どものおしりを後ろから抱きかかえ、「シー、シー」と声をかけてあげてはどうでしょう。

大切なことは、失敗しても決して叱らないことです。成功したら一緒によろこんであげましょう。

4

三歳児のポイント

●片足立ちができるようになる

三歳児になると、片足立ちのバランスがよくなってきます。そのために、階段の上り下りも上手になります。

階段は下りよりも上りのほうが簡単です。三歳くらいになると、片足ずつ交互に出して階段を上ることができるようになります。それまでの子どもは、一段に両足とも乗せながら上がっていました。いつも得意なほうの足だけが前に出ている上り方です。でも、三歳ころには、一段一歩で左右交互に足を前に出しながら上ることができるようになります。

階段を上がるのが上手になっても、三歳ごろでは、下るときには、やはり一段に両足をそろえながら下りてしまいます。それが、三歳半くらいになると、階段を下りるときにも一段一歩で左右交互に足を出して下りられるようになってきます。それは、片足立ちのバランスがさらによくなってきたからです。

階段を下りるときには、片足立ちでバランスをとる力が必要となります。たとえば、まず左足を一段下に下ろしたとしましょう。次には、右足を左足よりさらに下の段まで下ろすのですが、その間ずっと左足だけで立って、バランスを維持しなければ

階段を１段１歩で上がれるようになる

ばなりません。三歳半くらいになると、それができるようになるので、片足ずつ左右交互に足を出して下りられるようになるのです。

このような力が育つと、得意な足でケンケンもできるようになります。三歳半くらいでは、まだどちらか一方の足でしかケンケンができませんが、やがて、四歳ごろに両足ともケンケンができるようになり、右足と左足を協応させながら片足跳びを左右交互に一歩ずつ繰り返すことで、スキップを獲得し、幼児後期へと移行していきます。このことは、四歳児のポイントでもう少し詳しく説明します。

三歳ごろになったら、片足立ちのバランスの力を育てることも大切です。日常生活の中でも、いつまでも過保護にしないように、少し配慮してあげましょう。たとえば、パンツやズボンをはくときにも、座ったまま穴に足を通してから立ち上がって引き上げてはくというのではなく、立ったままでパンツやズボンに足を通してはいてみるようにしてみてはどうでしょう。最初は、壁にもたれながらでも、何かにつかまりながらでもいいのです。生活のなかで少しずつ、片足立ちのバランスの力を育てていくことが大切です。

●土ふまずができ、長く歩く力が育つ

三歳ごろになると、人間にしかない土ふまずができてきます。そのために、長く歩く力も育ってきます。

土ふまずとは、つま先と踵《かかと》の間にできる骨のアーチのことです。直立二足歩行を獲得した人間にしかありません。土ふまずは、持久力の発揮に重要な役割を果たします。土ふまずができていなくても、瞬発能力は劣らないそうです。でも、長く歩いたりすることができず、疲れやすいと言われています。土ふまずがあると、足裏がすべてベタッと地面についてしまうのではなく、踵からつま先までの間にアーチができていますので、それがクッションの役割を果たすようになります。足裏が受ける衝撃を和らげる働きをするのです。このクッションがなければ、衝撃はそのまま からだの上部に伝わっていきます。でも、土ふまずがクッションとなり衝撃を和らげるために、疲れにくく、長く歩くことも可能になったのだと言われています。

このような土ふまずは、通常三歳ころから形成されます。三歳児はしっかり歩く力が育つ時期です。やたらに抱っこをしないで、子どもも歩いて外出するということが大切です。そのためには、外出の際にも時間の余裕をみておくことが必要でしょう。できるだけ、子どもに歩くことを保障するといいですね。大好きなおとなと手をつないで歩くことは、子どもにとってとても楽しいことです。用事があるときの外出だけでなく、散歩に出かけることを毎日の日課にしてみてはどうでしょうか。

●指先が器用になってくる

三歳前後になると、親指と人さし指を対向させた細かな操作も巧みになります。

たとえば、一円玉やおはじきのような小さく平たい物を親指と人さし指の先でつまみ上げ、それを手のひらの中に握り込みながら、さらに次の一枚をつまむことも上手にできるようになります。そして、もう一枚、もう一枚とそれを繰り返し、次々とつまんで握りこんでいくことができるようになります。

五本の手指をそれぞれ独立させて動かす力が育ってきたのです。そのため、たとえば二歳半ごろから、人さし指と中指を立ててジャンケンの「チョキ」の形をつくることができるようになります。さらに三歳ごろには、薬指を立てて「三つ」を示すこともできます。

日常生活の中で、指先が器用になったと感じる時期です。手指を使った活動も広がっていきます。

●積み木やブロックで遊ぶ

子どもが働きかけることにより、いろいろな形に変わり、イメージを豊かに広げていくことのできる素材はとても大切です。しかし、最初から子ども一人でそのような遊びを覚えていくものではありません。積み木や粘土やブロックのように素朴なおもちゃは、最初はおとなが作ってみせて子どもがこわすという遊びから始まります。次第に、子どもがちょっと作ってみて自分でこわすというようになり、やがて、自分でしっかりと作れるようになります。

三歳児になると、積み木を使っての遊びも広がりが出てきます。それまでは、横に並べるか縦に積むかという一方向での遊びが中心でしたが、縦と横方向を組み合わせて構成し、それを何かにみたてることができるようになります。たとえば、横にいくつか並べた積み木の端のひとつの上にもうひとつ置いて「トラック」にみたてたり、間隔を開けて二個の積み木を置き、その中央に一個の積み木を乗せ「家」を作ったりすることができるようになります。しかも、最初は作ったものを何かにみたてて「〇〇デキタ！」と後から意味づけをしていたのですが、次第に最初にイメージを持って、「〇〇ツクロウ！」と取り組むようになります。

この時期、積み木やブロックなど、構成して遊べるようなおもちゃを用意してあげることが大切です。でも、単に与えるのではなく、それを使っておとなが一緒に遊んであげるようにしましょう。

●丸のファンファーレ

二歳半ごろの子どもは、グルグル丸を描いて、あとで意味づ

縦と横を組み合わせてものを構成できるようになる

けをしていました。子どもがグルグル丸を描いた後に「何を描いたの？」と尋ねると、「オカアサン」「デンシャ」などと答えてくれました。最初から何かを描こうと意図していたわけではないのですが、ペンを持って手を動かし、その跡が残ったグルグル丸に後から意味を添えていたのでした。でも、三歳前後に、閉じた一重の丸が描けるようになると、「○○カコウ！」「△△カコウ！」と意図を持って描くようになります。イメージを先行させた描画の誕生です。

しかし、最初は丸ばかりです。一枚の画用紙の中に、大きな丸や小さな丸がたくさん描かれます。子どもは丸を描きながら、「オカアチャン」「オトウチャン」「ヤックン」「ミーチャン」などと口にしています。一つひとつの丸に、それぞれ意味があるようです。このように、丸がたくさん描かれた絵は「丸のファンファーレ」と呼ばれています。絵でイメージを表現する力の誕生と言えます。

やがて、大きい丸の中に小さい丸で目や口を描いて顔を表現し、その顔から直接手や足の出る絵を描くようになります。まるで、火星人のマンガみたいな絵です。この絵は、頭から直接

丸が閉じる→何でも丸で表現→頭足人の登場

に足が出ているので「頭足人（とうそくじん）」と呼ばれています。

三歳代の子どもたちは、この頭足人をいっぱい書きます。大好きな家族やたくさんの友だちがいる子どもの絵には、一枚の画用紙中に、次第にたくさんの頭足人が登場するようになります。上下左右は統一されていません。バラバラです。

このように、子どもの描画は、なぐり描きの段階からなぐり描きに意味づけをする段階、そして、丸のファンファーレを経て、頭足人の段階へと発達をしていきます。この発達のみちすじを大切にしましょう。早くおとながイメージする絵を描かせようとして、子どもの描いたものに、「耳は？」「お鼻は？」「髪の毛は？」「身体は？」などと言って、描かせようとするのはよくありません。それは、おとなのイメージの押しつけです。子どもの描画は形にこだわって「上手―下手」と評価的に見てはいけないのです。おとなが描かれたものの形にこだわると、その後、自分で描くのを嫌がり、「カイテ、カイテ」とおとなに描かせるばかりになる場合もあります。

その年齢に見合った子どもの表現を大切にしましょう。そして、子どもが表現したものに共感してあげましょう。

●自分の名前が言え、男の子と女の子の区別ができる

三歳ごろになると自分の名前が言えるようになります。「お名前は？」と聞くと、

「マルヤマ　ミワコ」というように、姓と名をきちんと答えられるようになってきます。それまでのように、「ミーチャン」「アックン」など自分の名前を愛称やちゃん付けで答えることは次第に少なくなっていきます。でもまだ、「ボク」「ワタシ」というような一人称の表現はむずかしいようです。

さらに、三歳ごろになると「男の子・女の子」という区別を理解します。これは、「多い―少ない」「大きい―小さい」「長い―短い」などがわかる、二歳半ごろに獲得した認識の力を土台としています。

●ごっこ遊びを豊かに

ことばの発達の中で、お友だちとイメージを共有する力もついてきました。そのために、友だち同士でごっこ遊びを楽しめるようになります。

ひとつのものを何かにみたてるとき、そのイメージは単一ではありません。たとえば、ひとつの丸が描かれていたとしましょう。それは、「アンパン」にでも「皿」にでも「月」にでも「池」にでも「輪ゴム」にでもみたてることができます。ごっ

フルネームをきちんと言えるようになる

こ遊びを楽しむとき、自分は「アンパン」にみたてたのだけれども、お友だちが「オツキサマ」と言ったので、「ホント、オツキサマダネ」と応答できるイメージの柔軟さが求められます。ひとつのものから多様なイメージを広げることができ、しかも友だちとそのイメージを共有する力が育ったとき、ごっこ遊びはさらに発展していくのです。二歳児は、まだそうしたイメージの豊かさがありませんでした。ですから、ごっこ遊びにおとなの支えが必要でした。でも、三歳児はこの力が大きく育ちます。たとえば、木の葉っぱを自分が「オ皿」と見立てていても、お友だちが「船ニシヨウヨ」と言ったら、「ソウダネ、船ニシテ浮カベヨウカ」というような柔軟さが育ってきます。そのために、子ども同士でのごっこ遊びが発展していくのです。

幼児後期に向けて、ごっこ遊びを豊かに経験させてあげたいものです。

●自律のための抵抗期

三歳前後は、ことばは達者になるのに行動が伴わず、口ごたえや言いわけばかりが上手になり、子育てがむずかしくなったように感じます。これは、自我が拡大し、自律性が育ってくる時期だからです。

ところで、「自立」と「自律」は異なります。自立とは、「他者の力をかりることなく、またほかに従属することなく存続すること」ですが、自律とは、「自分で自分の行いを規制すること、外部からの力にしばられないで、自分の立てた規範に従って行動すること」です。幼児前期は、まだ自立はしていませんが、自律性は育ってきます。

自我が拡大し自律性が育つ中で、子どもは、「ジブンデスル」ということばを使い、強く自己主張をし始めます。実際にはまだできないことでも、「ジブンデスル」と言い張ることがあります。

こんな場面に出会いました。夕方、お母さんが保育所に、三歳になったメグちゃんを迎えに来ました。外は雨が降っていました。急いでいたお母さんは、メグちゃんにレインコートを着せ、ボタンを留めてあげました。するとメグちゃんは「メグガヤルノー！　メグガトメルノー！」と言って泣き出しました。困ったお母さんは、仕方なくボタンを全部はずしてあげました。メグちゃんは、納得して泣き止み、ボタン留めに挑戦し始めました。でも、一番上のボタンがうまく留められません。それで、結局またお母さんに留めてもらいました。このような二度手間と思われるようなことは、子どもが三歳前後のころには、しばしば経験します。

自分でやりたい気持ちを大事に受け止めて

「この子には、これはまだむずかしい」という判断をしたおとなは、最初からおとなの手でいろいろなことをしてしまいがちです。そのほうが早くことが片付き、手がかからないからです。しかし、この時期に子どもの自律性を大切に育てたいと思うならば、できるかどうか実際に子ども自身にさせてみて、できなかったときに手伝うことが必要だと思います。自律性と自立性を育てるためには、子どもの要求を先取りしてしまわないというおとなの姿勢が大切です。子どもがおとなに依頼したり、自分自身で行動し始めたりしないうちに、何でも先に世話をしてしまって、子どもを受け身の存在にしておいたのでは、自律心を育てることはできません。子どもの自己主張を引き出していくことが大切でしょう。子どもの自律性を見守りながら、積極的に「待つ」ことのできるおとなになりたいものです。

自律性の拡大に伴い、子どもは、「おとなの言いなりにはならない」という思いを大きくしていきます。ですから、おとなのことばに対しては、わざと反対のことを言ったりします。「これをしたいでしょう?」というと「シタクナイ」と言ったり、「これしたくないよね?」と言うと「シタイ」と答えたりします。たとえば、お尻を振りながら遊んでいる子どもに、おとなが「オシッコでしょ」と言っても、この時期の子どもはたいてい「ナイ」と答えます。そして、五分もしないうちに、「オシッコ!」と言いながらトイレへ走っていったり、間に合わなくてパンツをぬらしたりします。また、「手を洗っておいで」とおとなが声を掛けると、「モー、アラッタ」と真っ黒な手で答えることもあります。

この時期は、以前から「反抗期」と呼ばれていました。おとなの目から見ると、反対のことを言ってみたり、嘘をついたり、口答えをしたり、素直に言うことを聞かずに反抗しているように見えるからです。しかし私は、「反抗期」と言い方は、おとなの立場からの一面的なとらえ方だと思っています。ですから、あえて「自律のための抵抗期」と呼んでいます。子どもは、反抗しようと考えているわけではなく、単に「自分のことは自分で決めたい。おとなの言いなりにはなりたくない」と思っているだけなのです。ただ、言語の発達の中で、話しことばを駆使して自律のための抵抗をしますから、おとなとしてはやりにくさを感じてしまいます。

屁理屈もよく言います。幼児前期の子どもは言語能力が発達し、妙に理屈っぽくなるのですが、その理屈の筋は通っていないことが多いのです。「ダケドネ、……」「デモネ、……」とおとなのことばに反論します。でも、つじつまが合わないこともしばしばです。子どもの屁理屈におとなの理屈でいいまかしても、子どもは決して納得しません。「イマ、シヨウト思ッテイタノニ」というような言いわけもよくします。

また、自分にとって都合の悪いことばは、聞こえていても知らないふりをするというのも、この時期しばしば見かける姿です。特に、おとなの命令形のことばは大嫌いです。たとえば、楽しく遊んでいるときに「片付けなさい」と言われると、聞こえていないかのように無反応です。やはり、「自律のための抵抗」をしているのだと思います。

このような子どもの姿を、「わがまま」「口ばっかり」「自分勝手」「やりにくい子」と否定的にとらえるのではなく、言語発達の中で自我が育ち、自律性を拡大し、一生懸命自己主張している姿として理解してみてはどうでしょう。

「オシッコ、ナイ」と言い張って失敗をするのも、いつまでも続くわけではありません。「そんなこと言っていると、また失敗するよ」とおどしたり、失敗した後で「それごらんなさい」とやり返したりする必要はないでしょう。「モー、手、アラッタ」と、子どもがごまかすときも同様です。「嘘をついたらだめ」と、頭ごなしに叱るのではなく、「そう、もう洗ったの」と一度自己主張を受け止めてあげた上で、「でも、まだきたないからもう一度洗ってらっしゃい」。今度は、見ていてあげるからね」などと言うと、素直に洗いに行くこともあります。「ダッテナー」と屁理屈で口答えするときにも、「自律のための抵抗」をしているのだと思うと、おとなの対応も変わってくるでしょう。自分にとって都合の悪いことばに知らん顔の子どもに対しては、頭ごなしの命令形ではなく、子どもの気持ちに沿うような言い方を工夫してみてはどうでしょう。たとえば、「片付けなさい」ではなく、「お母さん、お片付けしなくちゃいけないから、手伝ってちょうだい」と言ったりすると、案外はりきって片付けてくれるものです。精一杯の自己主張と自律のための抵抗をしている子どもの気持ちに寄りそってみてはどうでしょうか。

●自分のことは棚にあげて

この時期の子どもは、自己主張をいっぱいします。でも、まだ自分のことより人のことのほうがよくわかっている時期です。発達心理学では、「他者をくぐって自己を認識する」と言われます。子どもはまず人（他者）のことがわかり、そのあとで、自分に気づくという発達のみちすじがあるのです。ですから、自分のことはよくわからなくて高い棚の上にあげているのに、人のことはよくわかるため、人の失敗を指摘し、批判します。でも、自分のことを振り返ることはできません。

集団の中の子どもたちを見ていると、「いいつけ魔」がたくさんいます。頻繁に、「先生、○○チャン、△△シテイルヨ」、あるいは「○○チャン、△△シテナイヨ」といいつけに来るのです。そのことばを聞いていると、してはいけないこと、しなくてはならないことが、とてもよくわかっているかのようです。でも、自分も少し前に同じことをしていたり、自分のしなければならないことをしていなかったりということもしばしばです。また、人がしかられていると、そばから、すでに自分はわかっているような顔で、「ネエー、ヤッタラダメナノニネエー」と言うこともあります。

「人の振り見てわが振り直せ」などという理屈はこの時期には通用しません。ですから、「お友だちのことより、自分のことをきちんとしなさい」は、入らないのです。まずは、「お友だちのことをしっかり見ようね」「お友だちのことがよくわかったね」ということでいいと思います。そのうち、「他者をくぐって自己を認識」できるようになります。

●お手伝いをしたがる

この時期、子どもは自分のことはきちんとできなくても、自分より幼い兄弟の世話は好んでしてくれることが多いようです。「他者をくぐって自己を認識する」途上ですから。

たとえば、自分が脱いだ洋服はそのまま放っているのに、赤ちゃんのおむつや着替えを持ってきたり、着せようと手伝いをしたがったりします。保育所でも、自分のことはまだきちんとできない子どもが、自分より幼い子どもたちや、少しゆっくりの友だちの世話をしてあげる姿はよく観察されます。「人のことより自分のこと」と言わずに、できることはさせてあげましょう。

お父さんやお母さんのお手伝いもしたがります。お茶碗を洗っていると一緒に洗いたがったり、洗濯物をたたんでいるとたたみたがったり、掃除機をかけていると同じことをしたがったりします。

でも、この時期のおとなへのお手伝いは、役割分担のひとつの仕事というお手伝いではありません。あくまでも、おとなと子どもの共同行為としてのお手伝いです。子どもは、「おとなを助けてあげよう、楽にしてあげよう」と思っているわけではなく、おとなと同じことがしてみたいのです。おとなにとっては、むしろ邪魔になるかもしれません。でも、おとなのしていることが見えるようになり、「おとなと同じようにしたい」と思うようになった子どもの気持ちは、大切にしたいですね。

たとえば、おとながお茶碗を洗っていると、同じことをしたくて足もとにまとわりついてくることがあります。そんなとき、子どもを椅子の上に立たせてあげて、割れないお茶碗やお皿を洗わせてあげてはどうでしょう。実際には、水遊びです。子どもは服をびしょびしょにぬらしながら、おとなと同じように洗ったつもりになっています。満足すると、「洗ッタァ」と言って、洗ったつもりの食器を差し出してくれます。「きれいになったねえ。ありがとう」と言って、ほかの食器と取り換えてあげましょう。子どもの気持ちは、満たされるのではないでしょうか。

おとなが洗濯物をたたんでいるときにも、一緒にたたみたがり、すでにたたんだ洗濯物を崩してしまうことがあります。そ

この時期のお手伝いはおとなとの共同行為

んなとき、叱るのではなく、子どもの気持ちを受け止めて、「はい、これたたんでね」とハンカチなどを渡してみてはどうでしょう。

できるだけ、おとなと子どもの共同行為としてのお手伝いを保障してあげましょう。おとなのほうから見ると邪魔にしかならないでしょうが、おとなの生活を理解し、将来、子ども自身が生活の力をつけていくための大切なプロセスなのではないでしょうか。

●指吸いが直らない

この時期、指吸いについての質問をよく受けます。指吸いがきついと、歯並びにも影響すると言われています。でも、指吸いをやめさせようと、いちいち「指を吸ったらだめ」と叱ることは好ましくありません。子どもにとってストレスになるでしょう。また、なかには、指先に包帯を巻いたり、あるいはタバスコやからしをぬったりして直そうとする人がいます。そういう対症療法も効果的ではありません。「子どもはどうして指吸いをするのかな？　子どもが指吸いをするのはどんなときかな？」と考えてみましょう。

子どもの指吸いは、手を使っていないときや退屈しているとき、やや緊張しているときなどに多くみられるのではないでしょうか。指吸いは、自分で自分に刺激を与えて自己をなぐさめている行為だと考えられます。唇や舌は、非常に敏感な感覚器官のひとつです。指吸いは、敏感なところに指を持っていって刺激を与え、自分をなぐさめている状態だと思われます。ですから、指吸いが気になる場合は、退屈しないで、手を使い、気持ちが解放される状態をつくってあげるとよいのではないでしょうか。

そのためには、私は二つのことを大事にしたいと思っています。ひとつは、手を使った遊びを豊かにすることです。手を使って活動しているとき、子どもは指を吸いません。もうひとつは、人と一緒に声を出して遊ぶような楽しい遊びを豊かにすることです。子どもが、人と一緒に声を出して笑っているときは、気持ちは外に向いています。退屈ではなく、緊張もしていません。ほとんどの場合、手が伸びていて、指吸いはしていません。子どもが指を吸いながら声を出して笑っている場面を見ることはあまりないのではないでしょうか。手を使った遊びと、人と一緒に声を出して笑うような楽しい遊びを工夫してみましょう。できれば、声を出して笑いながら、手を使う遊びがいちばんいいですね。

　子どもが指吸いをしているとき、口うるさく叱るのではなく、「こんなことしよう」と、さりげなく手を使う楽しい遊びに誘ってみてはどうでしょう。たとえば、おとなと両手をつないで「せっせっせ……」で始まる手遊びなどもよいのではないでしょうか。積み木や粘土を使った遊びを一緒にするのもいいですね。そういった、手を使う楽しい遊びを大切にしていると、いつの間にか指吸いはなくなっていきます。

　ところで、昼間には指吸いをしないけれど、寝るときには必

指吸い―叱ったり、手をひっぱったりするのではなくて、
手を使う遊びや声をだす遊びを

ず指吸いをするという子どももいます。寝るときの指吸いは、あまり心配しなくてもいいと思います。その場合は、気になるのは、指吸いよりも寝付きの悪い状態です。寝るときに指吸いをする子どもは、寝付きが悪い場合がほとんどです。寝付きをよくすることが大切だと思われます。生活リズムを整えることを重視しましょう。昼間しっかり疲れるほどからだを動かして活動し、規則正しく早寝早起きの生活を心がけていきましょう。その中で、寝付きもよくなります。寝付きがよくなれば、指吸いもなくなります。

●何度もトイレに行く子

三歳ごろには、一時的に頻尿になる子どももいるようです。しばしば「オシッコ」と訴えます。一五分おきくらいに「オシッコ」という場合もあります。実際にトイレへ連れて行くと、オシッコが少し出ます。「もう少し我慢しなさい」と言うべきなのか、やはり連れて行かないと失敗させてしまうのか、おとなは迷います。

しかし、こうした頻尿の状態を持っている子どもも、常にトイレが近いとは限りません。特に頻尿になるのは、おとなが近くにいるのに自分にかかわってくれないときなのではないでしょうか。そんなとき、「オシッコ」と言っておとなの気を引くことが多いようです。退屈しているときにも「オシッコ」と訴えます。子どもは、「オシッコ」と言えばおとなが必ずかかわってくれるということを、それまでの経験で感じているのだと思われます。普段、遊びを通しておとなとかかわることは少ない子どもにとって、おとなが排尿の失敗を恐れて、神経質に「オシッコない？オシッコは大丈夫？」とオシッコのことだけは頻繁にかかわるという状態があると、子どもは頻尿になりやすいようです。おとなとかかわりたいときに、「オシッコ」を口にするようになります。

たとえば、私がお母さんと話しているとき、しばしば「オシッコ」と訴える子どもがいます。退屈なのでしょう。そばに大好きなお母さんがいるのに、お母さんは私との話に夢中で、自分に気持ちを向けてくれません。「オシッコ」と言えば、お母さんは、仕方なく私との話をやめてトイレに連れて行ってくれます。でも、そんな子どもも、楽しく遊んでいるときには「オシッコ」とは言いません。まったく忘れているかのようです。

頻尿が気になる場合は、「遊びがちょっと足りないのかもしれない」「おとなとのかかわりを求めている」と理解してみてはどうでしょう。おとなと一緒に声を出して笑うような活動が豊かになると、いつの間にか頻尿も卒業しています。

●叱り方の配慮

子どもを叱るのはむずかしいものです。最初に、あまりよくない叱り方をあげてみたいと思います。ひとつは、口うるさくクドクドと説教するタイプです。口うるさい説教や、おとなが自分の感情をことばにして次々とぶつけるような叱り方は、好ましくありません。幼児前期までの子どもの発達は、言語で行動をコントロールする段階ではありません。そのため、ことばで言い聞かせても、あまり効果はないものです。実際には、クドクドと繰り返されるおとなのことばを、子どもはほとんど聞いていないことが多く、その後も同じことを繰り返します。

そのとき、最後に「わかった?」「ごめんなさいは?」と必ず念をおすおとながいます。子どもは「ワカッタ」と言います。そして、すぐに「ゴメンナサイ」と謝ります。でも、本当にわかっているとは限りません。先ほども述べたように、ことばですべてを理解し、行動を自己調整できる力はまだ育っていないからです。その瞬間は、何となくわかったような気になっていることもあるかもしれませんが、「わかった?」「ワカッタ」「ごめんなさいは?」「ゴメンナサイ」と謝るときの子どもの実感は、「やれやれ、これで解放される」というところなのかもしれません。いつも、そんなやりとりをしていたために、おとなが叱ろうとすると、すぐに「ゴメンナサイ、ゴメンナサイ」を連発するようになった子どももいます。「ゴメンナサイ」と言わせたから、子どもにわからせたと考えるのは、おとなの勘違いと言えます。行動には結びつかず、同じことを繰り返すことが多いのです。その割には、「ゴメンナサイ」ということばには、こだわらないようにしましょう。

ところで、子どもを叱るときには、決して言ってはいけない一言というのがあると思います。それは、子どもの存在を否定することばです。「あんたみたいな子、いらん」とか「よその子にするよ」などと、子どもの存在を否定し、居場所を奪うようなことばは、絶対に口にしないようにしましょう。

また、子どもの人格を全面的に否定するようなことばも使わないようにしたいものです。たとえば、「あんたは、どうせダメな子だ」というような言い方です。私は、ほめるときには子どもの人格に迫るほめ方を、叱るときには行為だけを叱るようにしたいと考えています。それは、なかなかむずかしいことです。努力しないとできません。でもせめて、叱るときに子どもの人格を全面的に否定するようなことばを言わないようには気をつけたいものです。

なお、どんなときでも体罰はだめです。幼い子どもは、言語で行動をコントロールすることができないといいました。そこで、「ことばで言ってわからないのなら、体に教える」という人がいます。でも、人を暴力で押さえつけるというようなかかわり方は正しくありません。力で人を抑えるやり方をおとなが示すことになります。子どもは、「理由があれば人をたたいたりしてもよい」と受け止めるかもしれません。確かに、体罰は即効性があります。特に幼いときは、子どもの力が弱いので、暴力が怖くておとなのいうことを聞くかもしれません。でも、やがて子どもの力がおとなを超えて強くなっていきます。そうなったときに、もしかするとおとなや友だちとの関係の中で、力で抑えようとする行動が出てくるかもしれません。「愛の鞭《むち》」というのは、おとなの詭弁《きべん》です。子どもに本当に愛が伝わっているという保証はないのです。暴力に頼らない人とのかかわり方を、まずおとなが示していく必要があるのではないでしょうか。

ところで、子どもを叱るとき、自分の責任ではなく人の責任にしてしまう方がときどきいらっしゃいます。たとえば、「そんなことしたら、怖いおじさんが来るよ」とか、「見つかったら、お店のおばちゃんに怒られるよ」といった言い方です。子どもには、誰かに「怒られるから」とか「見つかるから」とかではなく、「『いけないこと』、『危ないこと』だからしてはいけない」ということをきちんと伝えていきたいものです。そうでなければ、なぜしてはいけないのかが、子どもにわかりにくいのではないでしょうか。

またなかには、子どもに交換条件を出す方もいます。「これをしないのなら、おやつはあげないよ」とか、「言うことを聞かないと、約束していた遊園地に連れていってあげないよ」などというように。子どもは、おやつがほしいから、あるいは遊園地に連れていってほしいから、その場ではおとなの言うことを聞くかもしれません。でも、なぜしてはいけないのか、あるいはしなければならないのかの意味は理解できません。さらに、次第に子どもも取引上手になっていく場合があります。

以前、「僕は○○をするから、お母さん、△△買ってね」とおねだりをした五歳の男の子を見かけたことがあります。子どもを叱る場合、単にその場がうまくいけばよいというのではなく、育ちゆく子どもに何を伝えたいのかを、意識しておく必要があるのではないでしょうか。

子どもを叱るというのは、おとなが子どもを導き育てる行為の一環ですから、あまり労を惜しんではいけません。たとえば、ときどき公園などで、お母さんは遠くのベンチに自分のお友だちと一緒に座っていて、遠くから「そんなことしたら、だめよー」と声をかけている人を見かけることがあります。それでは、おとなの真剣さは伝わってきません。まったく効果もありません。子どもが危ないこと、いけないことをしそうなとき、あるいはしているときは、必ず子どものそばに行き、まずその行為を止めることが大切です。おとなが労を惜しんでいては、本当の意味でのしつけはむずかしいのではないでしょうか。

●叱ってはいけないときと、叱らなければいけないとき

子どもに対しては、叱ってはいけないときと、叱らなければいけないときがあります。おとなは、まずその判断をしなければなりません。その基準が曖昧では、子どもは戸惑ってしまうことでしょう。

子どもがわざとしたのではなく、失敗してしまったとき、そんなときは叱ってはいけません。たとえば、わざとではなく誤ってコップをひっくり返し、水をこぼしてしまったとき、子どもはすでに「シマッタ！」と思っています。それなのに、お

となが追い討ちをかけるように叱っては、子どもの気持ちは傷ついてしまいます。

また、学校に上がった後、テストの点が悪かったときには叱らないようにしましょう。叱っても、テストの点は上がりません。テストの点が悪かったときに、一番ショックを受けているのは、実は子ども自身なのです。「あなたが、がんばらないから」と責めることによって、子どもは「自分はだめな人間だ」と、自己に対して否定的なイメージを持ってしまうかもしれません。

反対に、子どもをしつけるためには、叱らなければならない場面というのがあります。知らん顔をして放っておいてはいけないときがあるのです。そのひとつは、子どもが危ないことをしているときです。これは、必ず止めに行かなければいけません。もうひとつは、社会的に許されないこと、いけないことをしているとき。これも叱らなければいけません。また、人に迷惑をかけているときも、必ずそれを止めて叱ることが必要です。

おとなが子どもを叱るのは、しつけのためです。子どもに何を教えるのか、何をしつけるのか、おとなはその基準を明確に持っておくことが大事なのではないでしょうか。

5

四歳児のポイント

●手と足の協応運動

四歳くらいになってくると、子どもは、手と足、右と左の協応運動が巧みになります。協応運動というのは、二つの異なる動作をひとつにまとめあげる運動のことです。「～シナガラ～スル」運動と表現されることもあります。

たとえば、手を上にあげて耳にして動かしながら、ぴょんぴょんと両足跳びをしてウサギになる運動――これは手と足の協応運動です。トンボになったつもりで、両腕を水平に広げたまま走る動きも同じく手と足の協応運動です。まだ四歳にならない子どもにウサギの運動をさせてみると、両足跳びをするだけで、「手を耳にしながら」というのがなかなかむずかしいようです。トンボの運動でも、手を広げて走るということができず、ただ走ってしまいがちです。

こうした手と足の協応運動に限らず、右と左の協応運動も育ってきます。三歳半ごろに得意な足だけでケンケンができるようになることはすでに述べましたが、四歳ごろになると、右足も左足も両方ともケンケンができるようになります。そうすると、右と左を協応させて左右交互に一歩ずつケンケンをくり返

ウサギさんになったり、スキップができるようになる

すことで、スキップができるようになります。スキップは右と左の協応運動でもあるのです。

このような手と足、右と左の協応運動が、四歳以降、次第に高次化していきます。この力を土台として、やがて、縄を回しながら飛ぶ「縄とび」ができるようになったり、肘を曲げてからだの横で回しながら走る「汽車ポッポ」の動きができるようになったりします。

●両手の協応操作

手と足、右と左の協応運動ができるようになると、同じ時期に、手の操作においても両手の協応が確立してきます。たとえば、両手を前に出して、「カーン、カーン、カーン、カーン」と言うことばに合わせて、右手と左手を交互にリズミカルに開いたり閉じたりするような操作ができるようになります。

これは、四歳前の子どもや、ちょっと発達につまずきのある子どもにとっては、とてもむずかしいのです。両手同時に開閉してしまったり、片手だけを開閉していたり、あるいはゆっくり考えながらおこなうので重なっている時間がすごく長かったり、なかなかリズミカルな交互開閉はできません。

でも、これがスムーズにできるようになったら、両手の協応操作の確立です。これが道具を使いこなす力の土台となります。

●道具を使おう

四歳ごろになると、両手の協応操作の確立に伴って、いろいろな道具を使う力も巧みになります。

たとえば、ハサミの使い方も上手になります。片方の手に紙を、もう片方の手にハサミを持って、紙をまわしながらハサミをジョキジョキと動かすことによって、形を切り抜くということもできるようになります。金槌を使って釘を打つというようなことも少しずつでき始めます。片方の手に釘を持ち、もう一方の手に金槌を持ってコンコンコンと打つという両手の操作が可能になってくるからです。片手で野菜を押さえて包丁で切るということもでき始めます。

このころから、生活のなかでいろいろな道具を使う機会を意識的につくっていくといいでしょう。家庭で日曜大工のようなことを子どもと一緒にするというのはむずかしいかもしれませんが、木槌でコンコンコンと杭を打ちつけて積み木と積み木をつなげていく「トンカチ」のようなおもちゃを使って遊ぶのはどうでしょう。また、ホッチキスで何かをとめるとか、ハサミで何かを切り抜くとか、いろいろな機会を工夫してみましょう。

右手と左手を上手に組み合わせて使えるようになる

子どもは、スーパーの広告に載っているスイカやブドウの写真を切り抜き、それを使ってごっこ遊びをするのもよろこぶものです。写真を見て「このブドウほしいなあ」というと、一生懸命切り抜いてくれます。そして、「次ハ、何ガホシイ?」と聞き返し、遊びを発展させていく子どももいます。

危ないからといって刃物を遠ざけるのではなく、使い方をていねいに教えながら、一緒に道具を使っていくことが大切です。

●指先が器用になる

幼児後期になると、指先の機能もだんだん器用になってきます。指先の機能分化が進んで、指で「キツネ」をつくり、「コンコンコンコン……」と鳴く動きができるようになるのも四歳ごろです。

私は、子どもの手指の機能分化を観察するために、しばしば次のようなことをします。最初は、「指でひとつしてごらん」と言いながら、自分の両手で人さし指をたててひとつを作って見せます。これが模倣できるのは、だいたい一歳半を過ぎたころからです。次に、「指で二つしてごらん」と言いながら、両手をじゃんけんのチョキの形にして二つを示します。これは二歳半くらいでできます。さらに、三歳を過ぎた子どもには、「三つしてごらん」と、両手とも親指と小指をくっつけてほかの指を立てる形をさせてみます。そして、四歳ごろになると、「キツネさん、コンコンコンコン」ができるかどうかを観察します。

このときに、キツネの口がとがらずにつぶれてしまう子どもがいます。少し不器用な状態です。「ウサギさん」と呼んでいますが、四歳を過ぎた年齢としては、人さし指と小指がほかの指につられて倒れてきて、耳がなくなってくる子どもがいます。あるいは、右手でキツネを作ろうと思ったら左手が助けにいかなくてはならない、左手でキツネを作ろうと思ったら右手が助けにいかなくてはならない、そのために両手で同時にキツネを作ることができない子どももいます。こういうのも不器用な状態です。

子どもの不器用さに気づいたときは、生活の中で意識的に手を使う活動を大切にしましょう。そのためには、①手でからだを支える運動、②道具を使う活動、③手の働きを育てるおもちゃを使った遊び、④手遊び・指遊びを豊かにするとよいでしょう。

●「中」がわかる

幼児後期になると、「大きい―小さい」「長い―短い」という対になった概念の中に「中くらい」というとらえ方が成立してきます。これは、すごいことです。

「中」は大きいのと比べたら小さく、小さいのと比べたら大きいものです。同じものが、比べる対象との関係で大きかったり小さかったりします。四歳ごろになると、こうした相対的な概念としての比較の力が成立するのです。

二つのものを出されて、「どっちが大きい?」と聞かれ、「コッチ」と答えられるようになるのは二歳半ごろでした。でも、二歳半ごろでは、大・中・小と三つあるものをきちんとことばで比較することはむずかしいのです。たとえば、「小」と「大」について「どっちが大きい?」と聞かれると「コッチ」と「大」を指し示します。次に、「小」と「中」についてどちらが大きいかを尋ねると、それもきちんと答えることができます。そのあとで、「中」と「大」を示して「どっちが大きい?」と尋ねると、二歳半ぐらいの子どもは「ドッチモ、オッキイ」と答えることが多いのです。比較のしかたが絶対的です。自分が大きいと思っているものは「いつも大きい」、自分が長いと思ったものは「いつも長い」、という認識の仕方です。その判断は、必ずしも比較する対象との関係とは限らないのです。

それが、四歳ごろになると、相対的な比較に変わってきます。同じものが、比較する対象との関係で長かったり短かったり、大きかったり小さかったりするということが理解できるようになります。でも、まだ「だんだん……」という認識は成立していません。

たとえば、こんなことがあります。四歳ごろになると「重い—軽い」という少しむずかしい比較もできるようになります。「重い—軽い」は見ただけでは判断できないので、むずかしいのです。でも、四歳ごろには二つのものを両手のひらの上に乗せて、その重さを比べ、重たい方を指摘することができます。そこで、五つの重さの異なる積み木を出して、「これを重たい順番に並べてちょうだい」と言うと、四歳ごろの子どもはたいてい二個と三個の二つのグループに分けて「コッチガ、オモタイ」「コッチガ、カルイ」と答えます。

この時期では、「大・中・小」を理解するまでが、やっとなのです。でも、「大・中・小」がわかり、相対的な比較ができるようになったことで、遊びは大きく広がっていきます。

●ジャンケンがわかる

ひとつのものが、比較する対象との関係で位置付けが変わるということが理解できることで、ジャンケンの勝ち負けもわかるようになります。ジャンケンというのは、同じグーでも相手がパーだと負けるけれども、チョキならば勝つわけです。それが理解できるのは、相対的な比較の力が育っているからです。

私は、しばしばいろいろな年齢の子どもとジャンケンをします。二歳半から三歳ごろの子どもは、後出しで「あいこ」になります。つまり、ジャンケンの意味はよくわからず、相手が出

ジャンケンの勝ち負けがわかるようになる

したものを模倣しているのです。やがて、リズミカルにことばに合わせてジャンケンを出せるようになります。でも、何を出していても「どっちが勝った？」と尋ねると、必ず自分が勝ったと主張する時期があります。「自己中心性の時期」とも言われている発達段階ではありますが、まだ、相対的な比較の力を獲得していないためだと考えられます。それが四歳ごろになると、二つの手を見比べて、勝ったほうを指摘できるようになります。なかには、そのとき少し時間をかけて考えてから答える子どももいます。

相対的な比較の力を獲得し、ジャンケンができるようになると、遊びのルールの理解が飛躍します。そして簡単なルールのある遊びを発展させていくことができるようになります。

●自信のない子

四歳前後になると、「僕」「私」という一人称が使えるようになってきます。一人称の表現は、概ね《おおむ》三歳代で獲得すると言われています。それまで自分のことを「タロウちゃん」「ハナちゃん」と、人から呼ばれる言い方で表現していた子どもが、「○○ちゃんとは違う自分」に気づき、「ボク」「ワタシ」と言えるようになってくるのです。次第に「他者をくぐって自己を認識」できるようになってきた証拠です。

同じ時期、先にも述べたように、「重い―軽い」という少しむずかしい比較ができるようになります。そうすると、「重い―軽い」だけではなくて、「上手―下手」「できる―できない」ということもわかってきます。

自己を認識し始めた子どもが、「上手―下手」「できる―できない」という判断の力を獲得すると、自己評価の力が芽生えます。僕は「上手か―下手か」、私は「できているか―できていないか」ということがわかるようになるのです。そして、そのことがとても気になってしまいます。

「上手な自分でありたい」「できる自分でありたい」「かっこいい自分でありたい」という思いが強くなる一方で、もしかしたら「下手かもしれない」「できないかもしれない」「かっこ悪いかもしれない」という不安も頭を持ち上げてきます。自己評価の力を獲得したために、ときには、「上手な自分でありたいけど、下手かもしれない」、「できる自分でありたいけど、できないかもしれない」と、気持ちが大きく揺れてしまう場合があるのです。

この時期の子どもの認識は「二元論的」です。先ほども述べたように、「だんだん……」という認識はまだ成立しておらず、二つのグループに分けてしまうような段階です。自己評価も同様です。「上手か―下手か」「できているか―できていないか」と二元論的に揺れてしまいます。そこで、自信を失ってしまう子どももいます。

自信のない子どもは、その行動に特徴がみられます。主に二つのタイプがあるようです。ひとつのタイプは、自信のない活動には参加しないタイプです。本当は興味があって、やってみたいのに、自信がないとわざとしようとしません。たとえば集団保育の場面でも、自信のない活動場面になると部屋から飛び出してしまったり、見ているだけで絶対に参加しなかったりします。ある保育所の子どもは、みんなが鉄棒をしているときには絶対に鉄棒に触ろうとしないのに、夕方お母さんが迎えに来ると、お母さんについていてもらって一人で鉄棒の練習をしていました。本当はしてみたいけど、みんなのようにできる自信がなかったのでしょうね。

自信のない子どもの行動特徴のもうひとつは、わざとふざけるタイプです。おかしくないのにヘラヘラ笑って一生懸命しなかったり、力を抜いてわざといい加減にしたりということがあります。一生懸命やってもできない自分を自己表現したくない、一生懸命やってできない自分を自分で見つけたくないということなのではないでしょうか。

「さぼっている」とか「ふざけている」と否定的に見てしまうのではなく、自信のない子どもの気持ちを理解することが、まずは、重要だと思われます。「練習したら、だんだん上手になるよ」というような励ましは通用しません。この時期の子どもには「だんだん……」という認識は成立していないのですから。おとなが、何とかしてその活動をさせようとあせればあせるほど、子どもはよけいに自信を失って、自己表現に抵抗を示すかもしれません。

●評価にさらさないで

最近の子どもたちは、四歳児に限らず、小学校に行っても中学校に行っても自信がなく、そのために必要な場面で自己表現できないでいる子どもが多くなったと言われています。なぜでしょう。

私は、今の子どもたちは、幼いころから評価にさらされているのではないかと思っています。「できるか―できないか」「上手か―下手か」「一番か―そうじゃないか」と、いつも二元論的に評価されてはいないでしょうか。そのために、子どもは、必要以上に「できる―できない」「上手―下手」にこだわっているのではないかと思われます。

私は発達相談の中で、「どんなときに、どんなふうに子どもをほめていますか？」とお母さんに聞くことがあります。そんなとき、「何かが上手にできたら、上手だったねとほめます」と答えられるお母さんが一番多いように思います。確かに上手にできたら、おとなもうれしいし、「上手！」とほめます。でも、子どもが、「上手だったとき」「できたとき」「一番だったとき」にしかほめられていなかったとしたらどうでしょう。子どもは、大好きなおとなにほめられたい、認められたいと、いつも強く思っています。でも、それが「上手だったとき」「できたとき」「一番だったとき」だけだったとしたら、子どもはそのことだけに価値を置いていきます。そして、そうではないとき、つまり、上手ではない自分、できない自分、一番ではない自分には価値を見いだせなくなってしまうのではないでしょうか。

三歳児のところで、「自立のための抵抗期」の姿のひとつの現われとして、聞こえないふりをすることが多いことを述べました。集団保育の中では、こんな場面をよく見かけます。

先生が「お片付けしなさい」とみんなに言っているのに、子どもたちは知らん顔をして遊び続けています。そこで先生は、「誰が一番早く、上手にお片付けするかなあ」と誰に言うともなく聞えよがしに言いました。すると、子どもたちは我先に片付け始めます。うまく子どもを動かすことができました。でも、そんなときの子どもは、どんな気持ちで動いているのでしょうか。きっと、大好きな先生にほめられたい、認められたいと思っているのでしょう。そのためには、「一番早く、上手にお片付けをしよう」とがんばったのでしょうね。

こうした積み重ねの中で、おとなに認められるためには「上手に、一番に、できる」ことが必要という価値観を形成していくのかもしれません。でも、いつも「上手に、一番に、できる」はずがありません。上手でない自分をみつけたときに、自分の価値についての自信を失ってしまうのではないかと心配しています。

いま、小学校や中学校では、失敗を恐れる子どもたちがとても多いと言われています。「上手でない自分」「できない自分」「失敗した自分」に価値が見いだせないでいるために、必要以上に失敗を恐れているのではないでしょうか。

幼いときから、できたときや上手なときだけ認められていると、そうでないときの自分を否定的とらえてしまう可能性があります。私は、子どもが小さいときに、「上手、上手」「できた、できた」というおだてるようなほめ方、評価的なほめ方を、できるだけしないほうがいいのではないかと思っています。ほめること自体は大切ですが、それは、子どもの達成感に共感することを基本とするべきでしょう。

●自信を失わせないための三つのポイント

子どもが自信を失わないように、幼いときからおとなは気をつけなければなりません。その際、私が大切にしたいと思っていることが三つあります。

ひとつは、達成感を大事にしたいということです。達成感というのは、「やったぁ！」というような感動です。「やれた」「がんばった」「わかった」という感動は、子どもが育つ上でとても大切なものです。

子どもに達成感を保障するためには、発達段階に応じた課題への挑戦が必要です。発達段階に応じた活動が保障されたとき、子どもは、「ちょっとがんばったらできた」「自分一人ではできなかったけど、お父さんやお母さんにちょっと手伝ってもらったらできた」「ちょっとヒントをもらったらわかった」「教えてもらったらわかった」ということを経験します。そして、そうした経験の中で、達成感を感じることができるのです。

発達段階を飛び越した課題に挑戦させてしまうと、「がんばったのに、できなかった」「わからなかった」というような挫折感を感じてしまいます。そのとき、「がんばれ、がんばれば必ずできる」と励まされていると、「できなかったのは自分ががんばらなかったから」「できない自分はだめな自分」と自信をなくしていきます。ちょっとがんばったらできる、すなわち発達段階に応じた課題への挑戦を、日常生活の中で大切にしましょう。

二つめに大切にしたいのは、基本的安全感です。「僕は僕、私は私、自分は自分であっていい」「自分はかけがえのない存在」という自分の存在に対する安心感と自信を、私は基本的安全感と呼んでいます。自分の存在に対する安心感があれば、うまくできなかったときでも、「次、がんばればいいや」とおおらかに受け止めることができます。基本的安全感が弱い子どもは、「やっぱり自分はだめなんだ」とすぐに失敗にめげてしまいます。ですからおとなは、「あなたは、あなたであっていいのよ」「あなたは、かけがえのない存在なのよ」ということを、意識的に子どもに伝える努力をし続ける必要があるでしょう。

三つめは、集団のなかに居場所を保障するということです。家庭という集団においても、幼稚園や保育所のクラス集団においても、子どもが帰属意識を持っている集団の中に安心していることができるようにしたいものです。居心地のよさを大切にしたいのです。そのためには、家庭のなかでも家族の一員として尊重される必要があります。具体的には、家族と一緒に声を出して笑う時間があることが一番かもしれません。そして、「あんたみたいな子、いらなかった」とか「よその子にするよ」などと、子どもの居場所を奪うことばを決して口にしないことです。おとなは本気で言ったわけではなくても子どもはとても傷つき、心の居場所を失ってしまいます。不用意な一言には気をつけましょう。

●赤ちゃん返り

「下の子が生まれて、上の子が赤ちゃん返りして困っています。赤ちゃんと同じようにべたべたしてくるのですが…」という相談をよく受けます。赤ちゃん返りは、多少はどの子どももしますので、一時的にべたべたしてきたからといって、あまり心配する必要はありません。

今までお母さんを独占できていたのに、突然赤ちゃんがやってきて、お母さんはその世話にかかりきり。上の子どもは赤ちゃんがうらやましくて仕方ないことでしょう。ですから、少しは抱っこをしたり、幼稚な甘え方をさせてあげたりというようなことがあってもいいと思います。ただ、あまりべたべたさせるばかりではなく、「あなたのことも、とても大切に思っているよ」というメッセージをしっかりことばや態度で伝えてあげることが大事だと思います。

私は、こんな経験をしました。私には子どもが二人います。上の子どもが七歳のときに下の子どもが生まれました。ずいぶん年齢が離れていたので、七歳にもなっていた上の子どもは、ストレートに赤ちゃん返りできなかったようです。でも内心は、赤ちゃんに母親をとられたように感じ、さみしがっているということが、表情やいろいろな仕種でわかりました。赤ちゃんのようにべたべたと甘えてくることはできませんでしたが、わざと乱暴なことばを使ったり、親に心配をかけるような行動をしたりしたものです。情緒的に少し荒れている感じを受けました。

あるとき私は、二人きりになったので、上の子どもに聞いてみました。「赤ちゃんが生まれて、赤ちゃんにお母さんをとられたような気がする?」と。すると、上の子どもは、とても素直に「ウン」と答えました。そこで私は、「あなたが赤ちゃんのときも、お母さんは同じようにこうやっておっぱいをあげて、おむつを替えてあげたりしたのよ。赤ちゃんって、こんなふうに一人ではなんにもできないでしょう。だから全部してあげないと、生きていけないの。あなたが赤ちゃんのときも同じようにお母さんはあなたの世話をしたのよ」という話をしました。そして、上の子どもが赤ちゃんのときのアルバムを出して、一

赤ちゃん返り—小さいときは同じだったことを伝える

緒に写真を見ました。「ほら、あなたの赤ちゃんのときと、今の弟とそっくりだね」というような対話をしました。上の子どもは、それでとても安心したようでした。その後、すっかり落ち着いて、安定した印象を受けました。

四歳くらいになって、べたべた赤ちゃん返りをしてくる子どもには、「もう、大きいのに」と頭ごなしに赤ちゃん返りを否定しないで、下の子どもにやきもちを焼いている気持ちを理解してあげましょう。そして、甘えたい気持ちを受け止めてあげながらも、やはり四歳としての力を大事にしたいと思います。ですから、ただ赤ちゃん扱いするのではなく、あなたも小さいときには同じだった、今は大きくなってとてもうれしく思っているということをいっぱい伝えて、安心させてあげましょう。「今は、赤ちゃんが何もできないから、お母さんは赤ちゃんの世話をする時間が長いけど、あなたのことがとっても大好きなのよ」ということを、はっきりとことばで表現して伝えていきましょう。

●乱暴なことばづかい

四歳くらいになると、急にことばづかいがとても乱暴になるばあいがあります。子どものことばづかいが気になったら、考えてみたいことが二つあります。

ひとつは、お父さんやお母さんが乱暴なことばをつかっていないだろうかということです。先日ある保育所で、お父さんが「うるせーな、おまえ。黙れ、しばくぞ」と言って、子どもを軽くけっているところを見かけました。おとなの乱暴なことばや行動を子どもは見ています。そして、ちゃんと真似をします。まず、お父さんやお母さんが乱暴なことばをつかわないように気をつけましょう。

でも、子どもはいろいろな所でことばを覚えてきます。ですから、親がつかわないことばを口にし始めることもよくあることです。そんなとき、おとなが過剰に反応すると、よけいにそのことばを使うようになる場合があります。たとえば、「死ネ」とか「クソババア」など言うことばを口にすると、たいていの場合、おとなは驚いてしまいます。そして、「そんなことばをつかっちゃダメ」と、一生懸命子どもに言います。子どもは、汚いことばをつかうと、必ずおとなは反応してかかわってくれるということを経験していきます。ですから、二つ目に考えたいことは、過剰反応しないということなのです。乱暴なことばや汚いことばは、無視したり、さらっとかわしたりするほうが、むしろよいようです。周囲のおとなのことばに問題がない場合は、一時的な現象で、そのうちおさまると思われます。もしかすると、子どもの側には「おとなの気を引きたい、こっちを向いてほしい、相手をしてほしい」という気持ちがあるのかもしれません。その場合は、その気持ちを受け止めて対応することが大切でしょう。

6

五歳児のポイント

虫とり

●時間の概念がわかるようになる

四歳児では、「大きい—小さい」などの対位概念に中間項が成立して「大—中—小」の比較ができるようになること、さらに「大きい—小さい」のように見ただけでわかる比較だけでなく、「重い—軽い」のように少しむずかしい比較もできるようになることを説明しました。しかし四歳児では、まだ「だんだん……」ということはよくわからず、たとえば、重さの異なる五個の積み木を「重たい順番に並べて」と言われても、「重いグループ」「軽いグループ」の二グループに分けてしまうことはすでに述べたとおりです。

でも、五歳半ごろになると、「だんだん……」という認識が成立し始めます。「大—中—小」だけでなく、「大—中」の真ん中、「中—小」の真ん中、さらにまた隣り合う二つの項の間の真ん中を理解します。このように中間項が無限に分化することによって、「だんだん……」という認識が成立していくのです。そして、この認識の力が土台となり、時間概念を獲得していきます。

三歳くらいの子どもには、時間概念というものがありません。三歳児の時間概念は「今」だけです。ですから、三歳児は、自分が将来おとなになるというような見通しの力は持っていません。私が以前、三歳すぎの子どもに「大きくなったら何になりたい？」と聞いたら、「ゾウ」という答えが返ってきました。三歳らしい答えです。

四歳前後になると、現在を起点に過去と未来が分化してきます。過去と現在と未来を、大雑把に理解します。その際、使うことばは、「昨日」「今日」「明日」です。過去はすべて「昨日」と表現されます。三日前でも四日前でも「昨日」なのです。逆に、未来はすべて「明日」です。ですから、四歳児は「一週間後に遠足だよ」と言われると、毎日、「明日遠足だね」と一週間言い続けることがあります。時間概念における四歳児の特徴です。

それが五歳児になると、「あといくつ寝たら」とか「昨日の前の日」ということがわかってきます。少しずつ、曜日も理解し始めます。

●「大きくなったら……」

五歳児は、時間概念は少しずつ成立していきますが、それはとても大雑把なものです。歴史概念は本当に漠然としています。

以前、こんな会話を聞いたことがあります。保育所の年長の男の子と担任の保育士との会話です。先生が、「私が子どものころにはこんな遊びをしていたのよ」という話をしていました。

「あといくつ寝たら……」がわかるようになる

そのとき、「先生ノ子ドモノコロッテ、戦争中カ?」と聞いた男の子がいたのです。その先生は戦後の生まれだったので、「そんなことないわ。先生はもっと若いんだから」と、わざと怒ってみせました。すると、その子は、まじめな顔をして、「ソシタラ、恐竜ガオッタコロカ?」とさらに聞いてきたのです。そのくらい五歳児の歴史概念は大雑把なものです。

でも、「おとなも、昔は子どもだった」ということは理解するようになっています。たとえば、「今」という時間概念しかもたない三歳児に、「これは、お母さんが赤ちゃんのときの写真よ」と見せても、ほとんどの子どもは信じてくれません。お母さんと写真の赤ちゃんが、頭の中で同一人物にはならないのです。お母さんが昔は子どもだったということがイメージできません。ところが、五歳児だと「お母さんが赤ちゃんのときの写真よ」と言えば、納得します。お母さんも昔は子どもだったことが、理屈としてわかるのです。でも、それが戦争中だったり、恐竜がいた時代だったりと、はるか昔のことになってしまいます。

逆に、「子どもの自分も、やがて大きくなりおとなになる」ということも理解し始めます。ですから、五歳児に「大きくなったら何になりたい?」と聞いても、三歳児のように「ゾウ」というような答えは返ってきません。「オ花屋サン」とか、「オ寿司屋サン」「オ菓子屋サン」というような答えが返ってきます。でも、「どうしてお菓子屋さんになりたいの?」とさらに聞くと、「オ菓子ガ好キダカラ」というような、きわめて単純な理由を述べます。お菓子屋さんは、お菓子を食べているわけではないということは、理解していません。しかも、大きくなってなりたいものは、日によって異なります。電車に乗った日は「電車ノ運転手ニナリタイ」と言います。バスに乗ったら「バスノ運転手ニナリタイ」と思います。おとなの生活や労働がしっかり見えている子どもは、「大きくなったら何になりたい？」と聞かれると、その時々の憧れのおとなの姿をイメージして答えます。

しかし、日常生活の中で憧れのおとなのイメージがない子どもは、「大きくなったら何になりたい？」という質問には答えにくいようです。それで、テレビのキャラクターを答えることがあります。「仮面ライダーニナリタイ」というように。その場合は、おとなの生活や労働が見えていないのかもしれません。いまの子どもには、お父さんやお母さんや周囲のおとなの生活や仕事が見えにくく、理解しにくいようです。そのために、「おとなってすごいなあ」というイメージがなかなかもてないでいます。むずかしいとは思いますが、お父さんやお母さんはどんな仕事をしているのか、毎日の生活の中でどんなことをしているのか、できるだけ話をしてあげるといいのではないでしょうか。そして、「こんなことがあって、おもしろかったよ」など、楽しかったできごとなどを話し、自分が生き生きと生きている姿を子どもに見せていくことが大切だと思います。いつも愚痴や不平ばかり伝えていると、「おとなになりたい」という気持ちが子どもに育たないのではないでしょうか。

●内言《ないげん》で思考し始める

幼い子どもが何かを考えるときに、しばしば独り言のようなことばを口にしていることがあります。しゃべりながら考えているのです。おとなは、黙って考えることができますが、幼い子どもはなかなかそれができません。

実は、おとなが考えているときも、黙ってはいるけれど、頭の中で言語を使っています。このときのことば、すなわち口には出していないけれども、頭の中でつかっている言語を「内言」と言います。それに対して、実際に口に出して話すことばを「外言《がいげん》」と言います。この内言が育ってくるのが、五歳半ごろと言われています。

五歳児になると、黙っていても頭の中でことばを使って考えることができはじめます。それまでの子どもは、口に出してしゃべらないと考えるということがむずかしいのです。テレビで時々、「はじめてのおつかい」という番組を放送しています。幼児がおつかいに行くときの様子を隠しカメラで撮影して編集したものです。外言で思考している幼児は、何でも口に出してしゃべりながら考えます。そのため、何を考えているのかが視聴者によくわかることから、この番組は成立しているのです。

しかし、先ほども述べたように、五歳半ごろになると内言が育ってきます。内言が育つと、黙っていても考えることができます。さらに、内言で自分の行動をコントロールする力も育ってきます。そして、内言で行動をコントロールする力は自制心にもつながっていきます。「腹がたつけど、我慢しよう」「苦手だけれども、挑戦してみよう」「恥ずかしいけど、がんばってみよう」というような気持ちで、自分を制御する力が育ってくるのです。

このように、内言が育つ五歳児は、内言を使って思考し、内言で行動をコントロールする力を獲得していくのです。

●内言を育てるために

ところが最近、五歳児でも内言の発達が少し弱いのではないかと思える子どもが多くなってきているように思われます。口数の多さと言語機能の発達は必ずしも一致しません。時々、多弁だけれども対話のポイントがかみ合わないと感じる子どもがいます。よくしゃべるのですが、連想ゲームみたいにテーマがそれていくのです。その場合、内言が未発達であることが疑われます。そして、内言の力が弱いと、なかなか自分の行動をコントロールできません。そのために、言語に行動が伴わないという状態が出てきます。

たとえば、いつも友だちに乱暴をする子どもに、「お友だちを叩いてもいいのかな?」と聞くと「タタイタラ、ダメ」と口では答えます。それなのに、実際の行動ではすぐに手が出てしまいます。また、常に「叩いたらだめよ」とおとなから言い聞かされている子どもが、「タタイタラ、ダメ」と言いながら友だちを叩いてしまうというようなこともあります。

五歳児になったら、日常生活のなかの言語活動を豊かにし、意識的に内言を育てることも大切だと思います。私は、この年齢の子どもに内言を育てるためには、少し考えてから話す場面設定が必要なのではないかと考えています。

おとなの場合でも、日常生活における会話は、あまり意識せずにことばを発していることが多いものです。省略も多く、整理された言語とはなっていません。けれど、みんなの前で話をしなければならない、会議で意見を言わなければならない、あいさつをしなければならないというような場面になると、何をどのように話せば聞き手に分かりやすいかを考えながら話しています。事前に話すことを考えてメモしておくこともあるでしょう。その場合の言語は、形としては外言なのですが、いったん内言を使って考えてから話すものになっています。つまり、「内言をくぐった外言」なのです。

子どもにも、このような「内言をくぐった外言」を使う場面を設定してあげるとよいのではないでしょうか。たとえば、保育所や幼稚園のような集団保育の場面では、お友だちの前で自分が経験したことを話す場面を設定してみてはどうでしょう。

一度考えてから話す機会を用意する

一人ずつ、昨日あったことをお話しする場面も、五歳児には必要だと思っています。生活経験をきちんと言語化して、他者にわかるように伝える経験は、子どもの言語発達を考えた場合、とても重要です。また、みんなで何かのテーマについて話し合いをし、「このことについてどう思う？」と子どもに自分の意見を言う機会をつくってあげるのもよいでしょう。そのときに、子どもがうまく表現できない場合には、おとなが少し援助してあげましょう。

家庭でも、ていねいな会話を大事にしたいものです。子どもが表現する前に、何でもわかってしまうのではなく、しっかり子どもの気持ちを聞いて、子ども自身に表現させていきましょう。子どもが「エートネ」と言いかけただけで、「そのことは、先生から聞いたから」などと、話す前にわかってしまうと、子どもは言語で表現する必要がなくなってしまいます。子どもの要求を先取りしないことが大切です。

またなかには、おとながしっかり聞こうと思っているのに、うまく表現できない子どももいます。その場合は、いろいろ質問しながら子どもの言いたいことを理解した上で、それをきれいなことばに整理して返してあげましょう。保育園や幼稚園から家へ帰ってきたときに、「今日はどんなことしたの？」と漠然と聞いても、うまく表現できない子どももいます。たとえば、子どもが、「絵ヲ描イタ」と言ったとしましょう。「そう、絵を描いたの、どんな絵を描いたの？」とさらに聞くと、「運動会ノ絵」と答えたとします。「そう、今日は保育園（幼稚園）で運動会の絵を描いたのね」ときちんとしたことばでおとなが理解したことを表現してみましょう。子どもが「ウン」と答えたときには、わかってもらえたよろこびと、伝えた安心感を持っていることと思います。そういうていねいな会話を、日常生活のなかでくりかえしていくことが大事なのではないでしょうか。

ところで、何を聞いても「忘レタ」としか答えてくれない子どもも中にはいます。そんなとき、追及するような態度で質問をくりかえすのではなく、子どもの気持ちにおとなが共感して、「もっと話したい」と思えるような雰囲気をつくっていくことを心がけるとよいと思います。

子どもが表現したいしたいと思うためには、生活の中に「感動」と「共感」が必要です。何かに感動すると、子どもは表現したくなります。そしてそれを表現したときに、共感してくれるおとながいると、子どもはもっと表現したくなります。せっかく話をしても聞き流されたり、叱られたりする経験を積み重ねると、子どもはもうその人には話したくなくなってしまいます。何を聞かれても「忘レタ」ですませてしまうことになるのです。

●相談できる人を

子育てをするときは、余裕をもってゆったりと子どもを受け止めたいものです。でも、おとなも今日の生活の中では、疲れていたりいろいろなストレスをかかえていたりします。そのため、頭ではわかっているつもりでも、つい子どもにあたってしまうこともあります。後で、「しまった」と後悔することや、「自分はだめな親だなあ」と落ち込んでしまうこともあるかもしれません。でも、そういうことは、誰にでもあります。いつも完璧な親でいることは不可能です。大切なことは、おとなも未来に向かってがんばっていくことではないでしょうか。いつまでもくよくよするのではなく、かといって、「どうせ私はだめな親」と開き直るのでもなく、反省をしながらも前向きに努力していくことが大事だと思います。

もし、子育てに余裕がなく、子どもに気持ちが向いていないことに気づいたり、育てていく自信がもてなくなったり、さまざまな不安をかかえたりしたときは、相談できる相手を見つけることが重要です。誰かに解答をもらえるからというのではなく、相談を通して自分の気持ちを言語化しながら整理することができるからです。公的な機関がいろいろな相談を受け付けていますから、あまり躊躇せず、積極的にそういうところを利用していくことも大切だと思います。

●早期教育は必要か

子どもが五歳児になると、親としては、そろそろ学校のことも気になってきます。今日の学校をめぐるさまざまな話を聞くと、我が子は小学校入学後、勉強についていけるだろうか、うまく友だちとかかわっていけるだろうか、不登校にはならないだろうかなど、さまざまな不安が頭を持ち上げてきます。

そのなかでも、勉強についていけるかどうかという心配は大きいと思います。最近の子どもの低学力問題などを耳にすると、「人よりも少し早く、いろんなことを教えたほうがいいのだろうか」などと、いろいろな不安や葛藤が出てきます。「幼児期はのびのびとしっかり遊ばせたい」という思いの一方で、将来の学習への準備が心配になり、その気持ちは大きく揺れ動いてしまうかもしれません。その不安につけ込むかのように、「早期教育」の看板を掲げた教育産業がさまざまな勧誘をしてきます。「三歳からでは遅過ぎる」「早くから教育すれば、○歳で△△ができる」というう、親をあせらせるようなキャッチフレーズが巷《ちまた》にはあふれています。そのうえ、家庭には勧誘の電話が毎日のようにかかってきます。本当に、早期教育は必要なのでしょうか?

教育産業は、七〇年代後半から急激に成長してきました。でも、それによって日本の子どもの学力が伸びたという報告は聞いたことがありません。むしろ、子どもたちの低学力化が社会問題として取り上げられている状況さえあります。

発達研究を専門としている私は、学校で習うべきことを就学前に教える必要はないと思っています。けれども、就学前に学習のレディネス、すなわち、教科学習の土台となる基本的な力をきちんと育てておくことは必要だろうと考えています。就学前につけておかなければならない学習につながる力とは何かということについて、これから述べていきたいと思います。最初に、文字学習につながる力、次に、数の学習につながる力、最後にすべての学習の土台となる力について説明します。

●文字学習につながる力――絵と身振りと話しことばによる表現

まず、文字獲得の前提となる力について述べていきます。文字獲得の前提となる力のひとつとして、絵と身振りと話しことばによる表現の豊かさということが考えられます。

子どもの言語は、話しことばから書きことばへと発展をしていきます。その際、文字は書きことばの道具ではありますが、文字の読み書きができれば書きことばの世界に入れるというものではありません。

話しことばは、原則的には場面を共有した相手とのコミュニケーション手段です。言語以外に、表情やジェスチャーや身振りなど、言語理解のためのいろいろな補助手段があります。でも、書きことばの場合にはそういった補助手段はまったくありません。文字を使って表わされた言語だけで、伝えたり理解したりしなければならないのです。そのために、文法的にも完成度の高いものが求められます。

このように、話しことばと書きことばは次元の異なるものと言えます。ですから、話しことばを文字に置き換えれば書きことばになるというようなものではないのです。文字は読めるけれども文章の読解ができないとか、ひとつずつの文字は書けるけれども文章はつづれないということのないようにしなければなりません。文字の読み書きを獲得して、書きことばの世界に入るためには、その前提として話しことばがしっかりと育っていることが求められます。

また、就学前の子どもは、話しことばだけでなく、絵や身振りも重要な表現手段です。話しことばと絵と身振りを中心に表現をしていると言ってもよいでしょう。やがて、それらが統合されて書きことばに発展していくと考えられています。文字を獲得して話しことばの世界に入ることを見とおすならば、話しことばだけでなく、絵や身振りによる表現力も育てておくことが必要と言えるでしょう。

●文字学習につながる力――自由に形を描ける器用な手

文字獲得の前提となる力としては、自由に形を描ける器用な手にしておくということも必要です。

日本では文字はひらがなから習います。でも、このひらがなの形は、書くのがとてもむずかしいのです。斜めの線やカーブが多いからです。不器用な子どもの場合は、その形を描くこと

話しことばがしっかり育ってから書きことばへ、文字は書きことばの道具

への抵抗が大きくなってしまうことがあります。就学前に、自由に線が引けてどんな形でも描けるような、そういう器用な手を育てておくことが必要です。さらに、文字の形を正確に書くためには、空間把握の力、空間関係を理解する力を育てておくことも不可欠です。

子どもの形を描く発達のみちすじについて、概観してみましょう。グルグル丸ではなく、閉じた一重の丸が描けるのが三歳くらいです。そして、このころから、横線と縦線を組み合わせて十字が描けるようになります。横線と縦線を区別して描くことは二歳ごろからできるのですが、この二つを組み合わせるというのは、子どもにとってとてもむずかしいことのようです。うまく組み合わせられない子どもは、横線を一本引いてその上と下に別々の縦線を描きくわえて十字にすることがあります。逆に、縦線を一本引いて左右に一本ずつ横線を描き足す子どももいます。なかには、中心点から四方へ四本の線を引いて十字にする子どももいます。

横線と縦線をうまく組み合わせられるようになると、やがて、四本の線をうまく組み合わせて、四角が描けるようになります。

ひらがなを書くためには、斜めの線を描く力が必要

これが、だいたい四歳くらいです。五歳くらいになると、斜めの線が描けるようになります。そして、斜めの線と横線を組み合わせて三角が描けるようになります。さらに六歳ころになると、菱形が描けるようになります。菱形は、四本の斜めの線が統合された形ですから、描くのがとてもむずかしいようです。

斜めの線が描ける器用さが育たないと、ひらがなは書けません。先にも指摘したように、ひらがなには斜めの線やカーブが非常に多いのです。ひらがなの形は、縦線、横線、斜線、丸などが組み合わさってできています。ですから、ひらがなが書けるためには、三角が描けるくらいの力が最低必要になります。できれば菱形が書けるくらいの器用さがあると、もっとよいと思います。

たとえば、「く」や「へ」という平仮名は、一筆書きできる文字なので、おとなは簡単だと思ってしまうことがあります。でも、子どもにとっては、これが意外とむずかしいのです。方向の異なる斜めの線の組み合わせの形だからです。そこで、それらの文字がうまく書けない子どもは、四五度回転した「く」や「へ」を書きます。文字としては、少し傾いた印象ですが、縦線と横線の構成にできるからです。

器用な手が育っていれば、小学校に入った後、先生が黒板に書いた文字を模倣してノートに書き写すことがスムーズにできます。でも、不器用で形をうまくとらえて模倣することができない子どもは、文字を書くことへの抵抗が大きくなります。そのときにおとなが適切な援助をしなければ、学習嫌いになってしまうことも考えられます。

ただし、こうした形を書く力は、特別に何らかの障害がある場合を除いては、取り立てて練習や訓練をして身につけるものではありません。通常は、日常の生活と遊びの中で手を使った活動を通して培っていく力です。全身運動をしっかりしたうえで、絵を描く、折り紙をする、道具を使って物を作る、そうした経験の積み重ねの中で手の器用さは育っていきます。そして、手の器用さが、文字を書く土台になります。子どもの発達段階を無視して、早くから文字を書かせようとするのではなく、毎日の生活と遊びの中で手を使う活動を豊かにしていくことを工夫しましょう。

●文字学習につながる力——左から右へ、上から下へ、右回りの丸

小学校入学後、文字の学習を開始する前に、器用な手を育てておくことの必要性を述べましたが、それと関連して、手の運動系列についてもう少し説明したいと思います。

文字の学習を開始する前に、いろいろな線を自由に描けるようになっていることが前提となるわけですが、線を描く際、横線は左から右へ、縦線は上から下へ、丸は右回りで描くという運動系列が確立されていることが好ましいと思っています。

日本語の文字は、ひらがなでも漢字でも、横線は左から右、縦線は上から下へと書くように作られています。その方向性で手を動かすことが確立していると、筆順

も間違えにくいですし、初めて見た文字を正しく模写しやすいのです。また、ひらがなはカーブがとても多いのですが、それはほとんど右回りの丸となっています。

線を引くときの運動系列が逆で、横線を右から左、縦線を下から上、丸を左回りに描いていると、文字学習を開始したときに鏡文字を書きやすくなります。鏡文字というのは、鏡に移したときのように、左右が反対になった文字のことです。文字学習を開始したときに、鏡文字を書く子どもをよく見かけます。そのとき、文字を書くたびに「これはちがう」と指摘されることは、子どもにとってストレスとなります。学習が楽しくなくなってしまうかもしれません。ですから、就学前に器用な手を育てる際、手の運動系列には少し注意を払っておいたほうがよいのではないかと思っています。

遊びの中で、左から右に線を引く、上から下へ線を引く、右回りに丸やグルグルと螺旋《らせん》を書くといった運筆練習をしておくのもよいのではないでしょうか。あわせて、位置関係を正しく理解できるように、上・下・右・左というようなことばを生活と遊びの中でおとなが意識的に用いて、子どもに教えておくこ

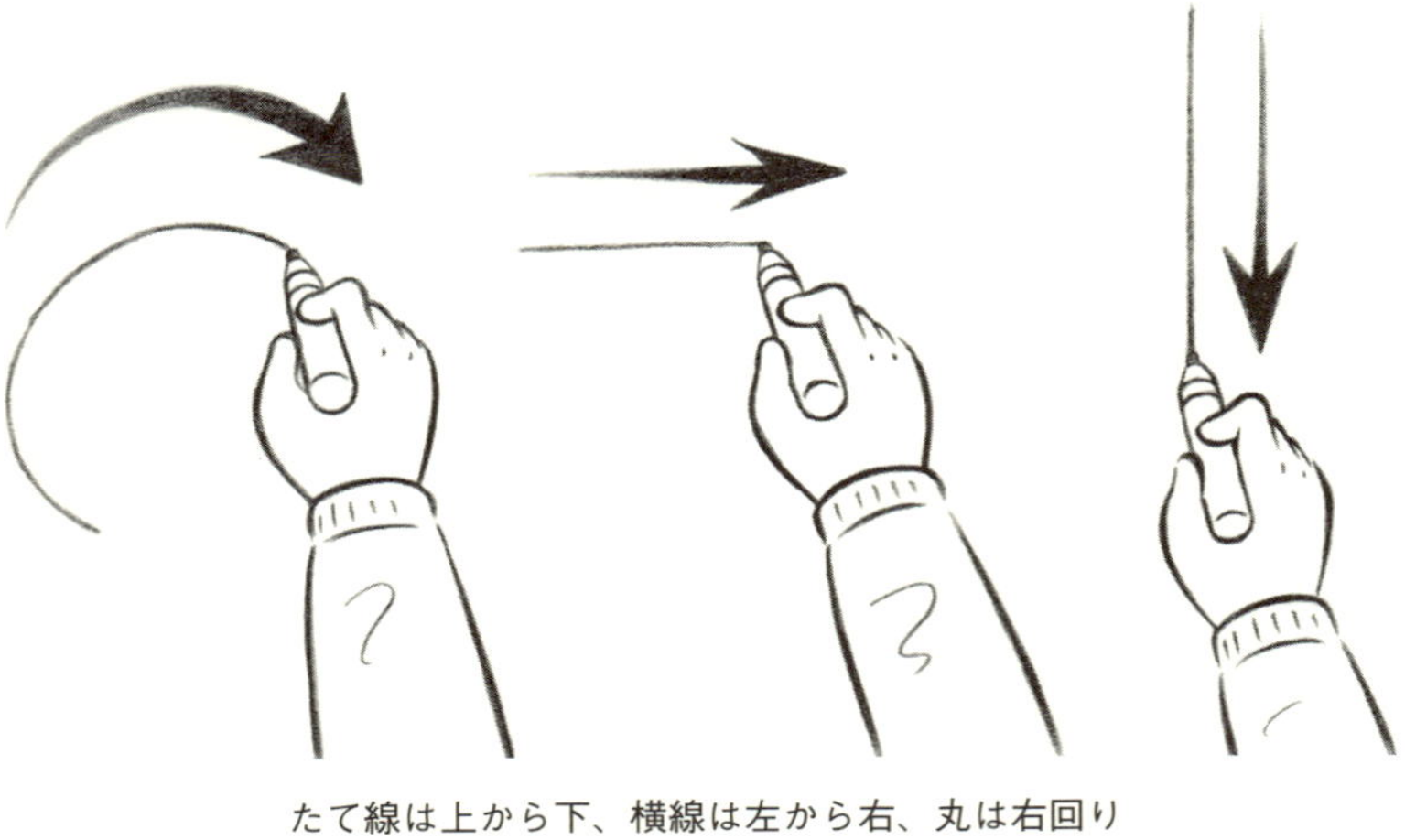

たて線は上から下、横線は左から右、丸は右回り

とも必要でしょう。

●文字学習につながる力――利き手と利き目

手の運動系列を考えたとき、利き手のことも問題となります。就学前になると、保護者の方からよく利き手の問題について相談を受けます。「うちの子は左利きですが、来年学校に入って文字を書くことを考えると、右利きに矯正したほうがいいでしょうか？」という質問です。

一般的には、利き手は矯正しないのが原則です。口うるさく利き手を矯正されることは、子どもにとって大変なストレスになります。でも私は、その原則を機械的にあてはめるのではなく、もう少していねいに子どもの状態をとらえて方針を出したいと思っています。

そこで、私は必ず「子どもの利き目はどちらですか？」と尋ねます。なかには、左手利きだけれど右目利きという子どももがいるからです。左手・左目利きの子どもは、そのまま左手で書くほうが楽ですが、左手・右目利きの場合には、鏡文字を書きやすいのです。

左手・右目利きの子どもには、「ちょっと鉛筆を右手に持って書いてごらん」と、少しだけ右手で書かせてみます。そうすると、「右手でも書けるよ」と得意そうに答える子どもがいます。その場合は、「じゃあ鉛筆は右手に持とうね」と言います。

右目利きの子どもにとっては、鉛筆を右手に持つ方が図形の模写がしやすく、文字も書きやすいからです。でも、どうしても左手のほうがいいという子どももたくさんいます。その場合、矯正はしません。周囲のおとなは、その子どもが鏡文字を書きやすいということを念頭においておきます。そして、文字学習に入る前に、左から右、上から下へ線を引く、右回りの丸を描くというような運筆練習を少ししておいたほうがいいと思います。

ところで、利き目はどうやって見つければよいでしょうか。眼科や眼鏡屋では、正確に利き目を測定してくれますが、家庭でも簡単に知ることができます。おとなの場合は、次のようなことをするとよいでしょう。まず、人さし指を立て、両眼をあけた状態で、近くの人差し指と遠くの縦線とを重ね合わせます。その後、片目ずつ閉じると、片方の目を閉じたときには、先に合わせた二つの目標はずれないのに、もう一方の目を閉じたときには驚くほど大きくずれてしまいます。このときに閉じていた目が利き目と考えられます。この方法は、子どもの場合には少しややこしいようです。

子どもの場合には、大きい紙の中央に直径一センチ程度の小さな穴を開けたものを準備し、その紙を子どもに両手で持たせた後、穴を覗かせます。「穴からお母さんの顔が見えるかな?」とことばをかけると、子どもはたいていの場合利き目で穴をのぞいて、「見エタ!」と答えてくれます。何回かやってみて、いつも同じ方の目でのぞいている場合は、その目を利き目と判断してよいでしょう。このとき、筒状のものを持たせては、利き目を知ることはできません。子どもは、筒を右手に持つと右目に持っていき、左手に持つと左目に持っていきます。

子どもの利き目を知って、利き目と利き手が同じかどうかに注意しておきましょう。左手利きの場合、子どもに抵抗がなく、右手に筆記具を持つことができる場合は、利き目と利き手を同じ側に合わせてあげたほうがよいと思われます。でも、無理は禁物です。利き目と利き手の側が反対になる場合は、先にも述べたように、左から右、上から下へ線を引く、右回りの丸を描くというような運筆練習によってカバーするようにしましょう。

●文字学習につながる力——音に分解する力とひらがなを理解する力

もうひとつ、文字を学習する前に子どもが身につけておかなければならない力があります。それは、音節分解と音韻抽出《おんいんちゅうしゅつ》の力です。

音節分解というのは、ことばを音の節に分けることです。たとえば「鉛筆」なら「え、ん、ぴ、つ」という四つの音節に分けるのを「音節分解」と言います。その上で、そのなかのひとつの音に着目し、取り出すことを「音韻抽出」と言います。

子どもは小学校に入ると、ひらがなから学習します。ひらがなは表音文字です。意味ではなく音を表わす文字なのです。したがって、音節分解ができ、音というものに着目できることが、ひらがな学習の前提となります。

　音節分解や音韻抽出を必要とする幼児期の遊びはたくさんあります。代表的なのは、しりとり遊びです。ひとつの名詞を音節に分解して語尾の音韻を抽出し、その音が語頭にくることばを探します。幼児期にしりとりを楽しみながらしっかり遊べる子どもは、文字学習を開始すると、すぐにその意味を理解し、身につけることができます。

　音節分解、音韻抽出の遊びとしては、ほかにもジャンケンを用いて移動する遊びがあります。ジャンケンをして、グーで勝ったら「グ、リ、コ」、パーで勝ったら「パ、イ、ナ、ツ、プ、ル」、チョキで買ったら「チ、ヨ、コ、レ、イ、ト」と一音につき一歩ずつ前進していく遊びです。

　また、四歳の後半から五歳ごろになると、子どもたちは「逆さことば遊び」を始めます。自分の名前の反対は「コワミマヤルマ」だとか、「『シンブンシ』ノ反対ハ、ヤッパリ『シンブンシ』ダヨ」などと、ことばの遊びを楽しみ始めます。このような逆さことば遊びができるのは、すでに音節分解ができているということです。

音を分ける力がひらがなを理解する力につながる

また、ひらがなを使いこなすためには、音を具体物から切り離して一般化することができなければなりません。つまり、「いす」の頭にくる「イ」も、「けいと」の真ん中にくる「イ」も、「とけい」の最後にくる「イ」も同じ「イ」という音だということがわかっていることが必要なのです。その上で初めて、どの場合も「イ」という音は「い」というひらがなで表わすということが理解できます。

私は、幼児期に文字積み木を使わせることは好ましくないと思っています。ここでいう文字積み木とは、表面に具体的な絵が描いてあり、裏返すとその頭文字が書かれているというものです。たとえば、犬の絵を裏返すと「い」と書いているような積み木です。これを使って遊ぶと、文字が具体物と結びついてしまいます。「とら」と書いてある字を読ませたとき、「時計ノ『ト』、ライオンノ『ラ』」と読んだ子どもがいました。表音文字のひらがなは、ある意味で抽象的なものですから、具体物と結びつけて教えないほうがよいのです。就学前には、文字を直接的に教える必要はありません。遊びの中で音節分解と音韻抽出ができるように工夫することのほうが大切でしょう。

基本的には、絵と身振りによる表現が豊かで、話しことばがしっかり育っていて、手先が器用で、音節分解や音韻抽出ができる子どもは、就学前に文字を教えなくても、小学校に入った後の学習を通して、無理なく文字を覚えることができます。逆に、そういう文字学習の前提となる力が育っていないのに、早くから機械的に文字の読み書きを教えられた子どもの場合には、文字を使いこなす力が育ちにくくなることもあります。一文字一文字は読むことも書くこともできるのに、文章の意味を読み取ることができなかったり、作文を書くことが苦手だったりして、書きことばの世界に入っていけないということが多々あります。幼児期には、あせって早くから文字を教え込むのではなく、その前提となる基本の力をきちんと育てていくということが大切です。

●数の学習につながる力——一〇の数がわかることの大切さ

次に、数の学習につながる力について述べていきます。早期教育を行っている塾においては、幼いときから数字を用いての足し算・引き算をドリルによって反復練習させるところもあるようです。しかし、これは本当の学力にはつながっていかないのではないかと思っています。私は、「できる」ということより、まず「わかる」力を大事にしたいと考えています。

数の計算は、早くできることよりも、その意味が本当にわかることのほうが大事です。子どもによっては、ドリルなどで正しい答えを出すことができていても、その計算の意味がわからず、機械的に数を操作していることがあります。その場合、単純な計算問題はできても応用問題ができなかったり、繰り上がりや繰り下がりが出るとわからなくなったり、足し算引き算はできても掛け算や割り算が出てくると混乱してしまったりすることがあります。「できる」ことをあせるのではなく、基本の「わかる」力を育てておきたいものです。

就学前には、計算ができることよりも、一〇程度の数が「わかる」ということが大切だと思っています。幼児期に、一〇程度の数概念がしっかり形成されている必要があります。一〇がわかっているかどうかについては、私は「数唱」「計数」「概括」「抽出」という四つの操作を通して判断しています。

「数唱」というのは、一から順番に数を唱えられるということです。幼児後期において、一〇以上の数唱は十分可能です。順番を正しく覚えていないと数を数えることはできません。まずは、「一、二、三、四……」と、順に一〇まで数えられることが必要です。一〇までの数唱なら、三歳頃にはできるようになります。でも、数を順番に唱えるだけでは、数概念が形成されたことにはなりません。よく、お風呂のなかで「一〇まで数えて上がろうね」と子どもに数えさせたりしますが、幼い子どもは、一から一〇まで順番に数えることができても、その量を理解してはいません。

計数―数詞とものを1対1対応させてかぞえられる力

数唱―1～10まで順に唱えられる力

数唱ができるようになった子どもは、次に「計数」という操作を獲得していきます。「計数」というのは、数詞と具体物を一対一対応させて、数えていくことです。計数ができない場合は、数詞と具体物を指さす指の動きがうまく対応しません。ひとつずつ押さえながら数えるのではなく、数詞は数詞で進んでいきます。具体物をとばして数えたり、同じものを何回も数えたりするために、量を正しく把握することができません。

「計数」ができるようになっても、「概括」という操作ができないと数概念は形成されません。「概括」というのは、ひとつずつ具体物を押さえて数えた後で、「○個アッタ」と、その量を正しく把握できる力のことです。たとえば、五個ある積み木を「一、二、三、四、五」と正しく計数できた子どもに、「何個あった?」と尋ね、「五個アッタ」と答えることができれば、五という量の概括ができたと判断できます。ところがこのとき、もう一度数え始めたり、「一ト、二ト、三ト、四ト、五ガアッタ」と言ったり、正しい数を言えなかったりする場合は、五という量がわかっているとは言えません。計数したときに、最後が五で終わったら、全部ひっくるめて五個なのだということがわかるというのが「概括」なのです。ひとつずつ数えていって、たとえば三までくれば、その積み木は三番目であると同時にそこまで数えた積み木を全部まとめた量が三個です。四までくれば、それが四番目であると同時にそこまで数えたものの量が四個です。そういうことがわかる力を「内包関係の理解」と言います。内包関係の理解ができないと、数の概括もできません。

さて、最後の「抽出」というのは、たくさんあるもののなかから特定の個数を選び出す操作のことです。たとえば、積み木がたくさんある前で、「八個ちょうだい」と手を出したとき、子どもが正確に八個手のひらに乗せてくれたら、その子どもは八個という数の量が理解できているということがわかります。

以上の「数唱」「計数」「概括」「抽出」という操作を通して一〇という量がわかっていることが、算数の学習に入るにあたっては必要となります。通常、五歳頃には獲得している力です。

ところで、なぜ一〇にこだわるのでしょうか。私たちが使っている数は、十進法のものです。一〇まとまると、位がひとつ上がります。繰り上がりや繰り下がりの計算ができるためには、一〇をひとつのまとまりとして考える力が必要なのです。

以前、あるお母さんが、次のような話をしてくれました。

「先生、当たり前のことを子どもに教えるのって、むつかしいんですね」と、そのお母さんは話し出されました。小学校一年生の子どもが学校の宿題をしていて、「ワカラナイカラ教エ

抽出―数をとり出す力

テ」と言ってきたそうです。それは、「7＋4」の計算でした。お母さんは、とても困ったそうです。それは、お母さんにとっては当たり前の、わかりきったことだったからです。「どうやって教えられましたか?」と聞いたところ、4の数字の下に丸を四つ書き、「7ある上にもう四個だから、8、9、10、11」と○を押さえながら数え、「だから11でしょう」というふうに教えたというのです。こういう考え方を「数え足し」と言います。このように教えてしまう方は多いようですが、この方法では、数が大きくなったり、引き算が出てきたりすると、わからなくなってしまうことがあります。

そのお母さんと話をして間もなく、保育所で五歳児クラスの男の子と出会いました。まったく数字の読み書きや計算は教えてもらっていない子どもでしたが、言語がとてもしっかりしていました。そこで、試しに「7＋4はいくつかわかる?」と聞いてみました。その子どもは、少し考えて「11ヤ」と答えました。私はさらに、「どうしてそうなるの?」と聞いてみました。すると、その男の子は、「7ニハモウ三ツアッタラ10ダモン」と答えました。その子どもは、頭のなかできちんと一〇のまとまりを作ることができていたのです。早期教育はまったく受けていないし、文字の読み書きも教えられていない子どもでしたが、言語がしっかりしていて、しかも基本的な数量概念が育っていれば、そういうことがきちんと考えられるということがわかりました。

一〇の数概念がしっかり形成されていると、7にはもう三つあれば10ができるという「合成」、あるいは10は7と3にわけられるという「分解」ができます。こうした10の「合成」「分解」の力が繰り上がりや繰り下がりの計算には不可欠なのです。

●数の学習につながる力——数概念が形成されるまでのみちすじ

数概念が形成され、計算の土台の力を獲得するまでの発達のみちすじを簡単に整理しておきます。

まず「未測量の理解」ができ、次に「集合づくり」と「一対一対応の操作」ができるようになると、数概念が形成されていきます。その後、「保存の概念」と「系列化の思考」が成立することによって、計算という数の操作が可能となっていくのです。

「未測量の理解」というのは、きちんと測定したわけではないけれども、大雑把に量を比較することができるという力です。具体的には、「大きい—小さい」「長い—短い」「多い—少ない」というような比較の力のことを意味します。この力は、すでに述べたように、二歳半ごろに獲得します。このような、未測量の理解が基本の力になります。

次に獲得する「集合づくりの操作」とは、いわゆる仲間集めのことです。同じ仲間をひとつのグループに集める操作です。この操作は、生活と遊びのなかのいろいろな場面で必要となります。たとえば、おもちゃを片付けるときには、積み木は積み木の箱に、絵本は絵本の棚に、というように同じものを集めて片付けます。このとき子どもは、集合づくりの操作を経験しています。

集合づくりができるようになると、その後、異なる二つの集合の中の要素をひとつずつ対応させる操作ができるようになります。これを「一対一対応の操作」と言います。子どもは、この操作も日常生活でたくさん経験します。たとえば、一人に一枚ずつ画用紙を配るとか、一人に一個ずつみかんを配るとか、一人に一本ずつ牛乳を配るといった作業が一対一対応の操作です。そういった操作をたくさん経験するなかで、数への認識の基礎が育っていくのです。そして、一〇以上の数概念がしっかり形成された後、さらに「保存の概念」と「系列化の思考」が育つことによって、計算の基礎の力ができ上がっていくのです。

●数の学習につながる力――保存の概念

「保存の概念」というのは、見かけが変わっても、取ったり加えたりしていなければ量は変わらないということが理解できる力のことです。たとえば、細くて背の高い容器に入っているジュースを太くて背の低い容器に入れ替えると、幼い子どもはしばしば量が減ったように思ってしまいます。実はこのような、液体についての保存を理解するのはとてもむずかしいのです。液体というのは連続量です。連続量の保存の概念が成立するのは、通常小学校二年生くらいと言われています。それまでは、見た目が変わると、量も変わったように判断してしまうのです。

連続量に対して、「一個、二個、……」あるいは「一人、二人、……」と数えられるものを分離量といいます。分離量に関しては、連続量よりもかなり早くから保存の概念が成立します。五歳半ごろには、分離量の保存の概念は成立します。たとえば、五個の積み木を出して子どもに数えさせます。子どもが、計数でき、「五個アッタ」と概括できたとき、その子どもの目の前で、積み木の間隔を広げて細長く並べ替えます。そして、「今度はいくつになった?」とたずねます。そうすると中には、「六個ニナッタ」という子どもがいます。保存の概念が成立していないのです。その場合には、数字や計算を教えることよりも、基本的な数概念を育てることが課題となります。生活のなかで、配るとか分けるとか、具体物を操作する経験をたくさん保障することが必要でしょう。

保存の概念が成立している子どもは、私が「今度はいくつに

保存の概念――並べかえても、量はいっしょということがわかる力

なった?」と聞いたとき、不思議そうな顔をして「五個ニ決マッテル」と言います。「どうして五個なの?」とさらに聞くと、言語のしっかりしている子どもはきちんと説明してくれます。ある子どもは、私がわざと「どうして五個なの? こんなに長くなっているのに」と言ったら、「長クナッテイルケド、間モ広クナッテル」と答えてくれました。これは、ピアジェが相補性の思考と名付けた考え方です。またある五歳児は、「デモ元ニ戻シタラ一緒ダヨ」と言いながら、積み木を並べ替えて、元に戻してくれました。これは可逆性の思考と呼ばれています。さらに別の子どもは、「ソンナノ一緒ニ決マッテルヨ、加エテモイナイシ取ッテモイナインダカラ」ときちんと説明してくれました。同一性の思考です。

子どもは、数字が読み書きできなくても、数の概念がしっかりと育っていれば、小学校入学後、抵抗なく算数の世界に入っていくことができます。以前、私が五個の積み木を長く並べ替えて「これでいくつになった?」と聞いたときに、「六個ニナッタ」と答えた子どもがいました。その子どもは、早くから数字の読み書きを教えられていました。しかし、数字は知っていても、量としての数が理解できていなかったのでした。

●数の学習につながる力──系列化の思考

「系列化の思考」というのは、ある基準に基づいて物事を系統だった順序関係に整理して考える力のことです。五歳半ごろになると、「だんだん……」という認識が成立してくることは、すでに述べました。端的に言うと、この「だんだん……」という認識が系列化の思考なのです。たとえば、小さいものからだんだん大きくなるように物を並べるというのは、系列化の思考に基づいた操作ということになります。五歳児になると、身長の順番に並ぶということができるようになります。系列化の思考が成立してきているからです。

●数の学習につながる力――生活と遊びを豊かにする中でさまざまな経験を

以上のように、「未測量の理解」「集合作り」「一対一対応の操作」「保存の概念」「系列化の思考」を獲得していくことが計算の土台の力を形成することになります。幼児期はあせらないで、基本的な土台の力を育てることが大事です。

このような計算の土台の力を育てるためには、日常生活のなかで、具体物を操作する場面を保障してあげましょう。たとえば、「お皿を一枚ずつ配ってちょうだい」などと、お手伝いを

具体的なもので数や量を考える経験を

してもらうのもよいでしょう。同じおもちゃをかためて片付けることは、集合づくりになります。何かをみんなで分けることも経験させてあげたいものです。子どもたちは平等に分けるためにさまざまな工夫をすることでしょう。そういういろいろな経験を日常的にたくさんさせてあげたいものです。

今日、子どもたちはとても過保護に育てられている傾向があります。何でもおとながしてあげてしまうと、大切な経験が奪われてしまいます。自分で片付ける、友だちや兄弟と自分たちの力で物を分け合う、おとなの手伝いをするというような経験のなかで、数量概念や量に対する興味など、将来の算数の学習につながっていく力の土台も形成されていくのです。

そうした生活の力を軽視して、早くから教科学習として教え込もうとするのは、発達段階を無視した対応と言えます。幼い子どもでも、教えれば「できる」ことがあります。でも、発達段階を踏まえないと、本当に「わかる」ことができないのです。また、小学校で習うべきことを事前にやってしまうと、学校に入ってから、「モウ、知ッテル」「ワカッテイル」と思い、逆に学習への興味がうすれてしまう子どももいます。早期教育を受けた子どもが必ずしも勉強ができるとは限りません。生活と遊びを豊かにするなかで土台をしっかり育てるほうが、本当の意味の学力につながっていくのではないでしょうか。

●すべての学習につながる力――人の話をしっかり聞くことができる

すべての学習につながっていく力として、まず、人の話をしっかり聞くことができる力が大切です。幼児期に、その力をしっかり育てておく必要があると思います。そのためには、テレビをつけっぱなしにしないで、人との対話を豊かにすることが必要です。

テレビがつけっぱなしになっている中では、子どもは、言語刺激があっても聞きたくないものは聞かなくていいという状況に置かれることになります。子どもの反応と無関係に言語刺激があふれている環境は、人の話を聞く力を育てるためには好ましくありません。テレビに関しては、見るときは集中して見る、見ないときは必ず消すという習慣をつけるようにしましょう。

そして、日常的には親子でしっかりていねいな対話をしていくことが大切です。人との対話を楽しめる子どもは、人の話をしっかり聞くことができ、授業中も、先生の話に集中して耳を傾けることができるのではないでしょうか。

テレビ―見るときは短時間、集中して見る、見ないときは消す

●課題に集中する力をつけるために——生活リズムを整える

学校生活を楽しくするためにも、課題に集中する力を育てておくことはとても大切です。しかし課題に集中する力は、一定の時間じっと座って課題に取り組む練習をするというような、集中力自体をトレーニングすることで身につくものではありません。子どもの興味や関心を無視して、叱ったり脅したりしてじっとしている練習をしても、集中力を育てることにはならないでしょう。恐怖のためにおとなしくしているだけでは、恐怖がなくなると逆に爆発してしまいます。

集中する力をつけるためには、脳の働きをそのように育てていかなければなりません。そのためには、まず、生活リズムがきちんと整っていることがとても重要です。早寝早起きをし、十分な睡眠をとり、毎日の生活日課を規則正しく確立する中で、脳の働きが育ちます。そのことが、集中する力が育つ前提になるのではないでしょうか。生活リズムが不規則であったり夜型だったりする子どもはどうしても集中して課題に取り組むことがむずかしいようです。健康な生活を、毎日保障することが発達保障の土台と言えます。

●課題に集中する力をつけるために——姿勢、食生活、けじめのある生活

課題に集中する力を育てるためには、生活リズムを整えるだけでなく、体を使った活動や、栄養のバランスのとれた食生活や、「ながら」をしないでけじめのある

生活などを保障することも大切です。

姿勢の悪い子どもは、注意の集中しにくいと言われています。直立姿勢を支える筋肉は総称して抗重力筋と呼ばれていますが、この力が弱いと「直立姿勢」や「姿勢の保持」が悪くなります。実際、姿勢を支える筋力が弱く、姿勢の保持が悪いために、常に体をグラグラ動かしている子どもがいます。重心を安定させられず、すぐに体が揺れ、姿勢が崩れてしまうのです。姿勢が安定しないと、いろいろな刺激に対する構えが定まらないために、注意の集中が悪くなってしまう場合があります。毎日の生活のなかで、しっかりとからだを使って活動するということが大切です。からだの力を育てることは、脳の働きを育てるだけでなく、集中する力を育てることにもつながると言ってよいでしょう。

また、食生活のありようも集中する力に影響を与えます。たとえば、一般にカルシウムの不足は集中力を低下させると言われています。しかし、現在の子どもたちの食生活は、カルシウムを破壊するものを摂り過ぎているようです。カルシウムを破壊するものの代表は、砂糖とリン酸塩です。お菓子や清涼飲料水などで砂糖を摂り過ぎると、カルシウムを不足させることにつながり、脳の働きとして集中する力が弱くなってしまいます。また、リン酸塩は食品添加物としてインスタント食品に多く入っているそうです。これも摂り過ぎるとカルシウムを不足させると言われています。インスタント食品への過度の依存や、栄養のバランスの偏りは、子どもの脳の発達にはよくないことがわかっています。毎日の食生活にも気を配るようにしたいものです。幼児期には、栄養のバランスのとれた一日三回の食事と一回のおやつ（補食として）を規則正しく摂る生活を保障しましょう。

さらに、課題に集中する力を育てるためには、「ながら生活」をしないようにすることにも配慮が必要です。「ながら生活」というのはひとつのことに集中して取り組むのではなく、何かをしながら別のことをすることです。異なる二つの無関係の活動を同時進行で行うことです。たとえば、テレビを見ながらご飯を食べたり、テレビを見ながらおもちゃで遊んだりというような状態が多いことを「ながら生活」と呼んでいます。最近、テレビをつけっぱなしにし、特に見ていないときにもテレビがついている家庭が多いと聞いています。刺激的な社会で生活していると、家の中でも常に音などの刺激がないと、何となくさみしいということがあるのでしょうか。静かだと落ち着かない、見ていないテレビでもついていないと安心しないという方もいらっしゃるようです。でもこれは、子どもの育つ環境としては好ましくありません。子どもには、だらだらと二つのことを同時に行うというのではなく、ひとつのことを終えて次のことを行うという、けじめのある生活を習慣づけてあげたいものです。

小学校に入るまでに、生活リズムを整え、体を使った楽しい活動を豊かにし、栄養のバランスの取れた規則正しい食生活と、「ながら」をしないけじめのある生活を子どもに保障することが大切です。こうした生活の力が、学習に入る土台づくりにもなるのです。不規則な生活の中で、体も動かさず、偏食をしているというような状態で、早くから教科的な事柄を教えることばかりに躍起になるのは、子どもの発達にとってとても危険なことなのではないでしょうか。

●見通しの力

最近の子どもたちは、「指示待ちっ子」が多いと言われています。何かの指示を常に待っているのです。「○○をしなさい」と言われるとするのですが、言われないと何もしないで待っている状態が多い子どもを、私は「指示待ちっ子」と呼んでいます。

たとえば、朝起きたときでも、「顔を洗いなさい」「服を着替えなさい」「ご飯を食べなさい」と、いちいち言われないと次の行動に移れない子どもたちのことです。毎日の生活のことですから、五歳児にもなれば、その流れを理解し、次は何をするのかということが見通せていいはずなのですが、次にすべきことを言われるまで、自分では何も考えずに待っているのです。幼稚園や保育所でも、「次ハ、何ヲスルノ？」「何ヲシタライイノ？」といちいち聞きに来る子どもが増えているようです。こうした子どもは、見通しの力の育ちが悪いと考えられます。

子どもに見通しの力が育たないひとつの原因は、おとなの口うるささにあるのかもしれません。子どもが次は何をしたらいいかを考える前に、おとなが「はやく、か。○○をしなさい」「次は、○○ですよ」と、先に言ってしまってはいないでしょうか。

子どもに、生活の見通しの力を育てるためには、まず、日課を確立することが大切です。毎日の生活をリズミカルに繰り返す中で、子どもはその流れを理解していきます。

そのうえで、子ども自身に生活の流れを考えさせるようなことばかけを工夫しましょう。「はやく、○○をしなさい」「次は、○○ですよ」と細切れの指示で子どもを動かすのではなく、「次は何をしたらいいと思う?」と聞いてみるのもよいのではないでしょうか。子どもが自分で考えなければならないような援助をしてみましょう。次第に見通しが持てるようになると思います。

また、いつもの生活とちがうときには、事前に説明をしておくことも必要でしょう。そのときになって突然、「今日はこうするよ」ということが繰り返されると、子どもは見通しを持つことができません。実際には、子どもはすぐに忘れてしまって、お母さんは同じことを何度も言わなければならないかもしれませんが、それでも、何かの予定を立てるときには子どもと相談して一緒に決めるとか、事前に予定を説明しておくとかということを、小さいときから大切にしたいものです。

●小学校に行ける期待感を大切に

小学校に入学するということは、子どもにとっても親にとっても期待と不安が大きいものです。その期待は大切にしたいのですが、不安を大きくしないように、子どもに対して気をつけなければなりません。

小学校入学の時期が近付くと、子どもにいうことを聞かせたいとき、「そんなことをしていたら、学校に行けないよ」とか、「学校に行ったらそんなことをしたらだめ」というように、脅しの材料として学校を使う方がいます。学校を引き合いに出して叱られることが多いと、子どもは学校に行くことが不安になってくるかもしれません。学校に対する不安感を増長させたり、恐怖心をあおったりするようなことばを使わないようにしたいものです。「大きくなったから、学校に行けるね」と、成長を共によろこび合うなかで小学校に行くことをとらえることが大切です。

●働きながら子育てをしているお父さんお母さんへ

働きながら子育てをするというのは、とても大変なことです。こんなに少しの時間しか子どもと接しなくて大丈夫なのだろうかという不安感もあるかもしれません。でも大切なのは、子どもと接する時間の長さではなく、子どもの生活の質だと思います。

私自身は、働きながら保育所とともに二人の子どもを育てました。私は、最初の子どもを妊娠したとき、正規に就職をしました。当時は、非常勤の仕事ではなかなか保育所に入れなかったからです。そして、産休明けから共同保育所に子どもを預けて働きました。社会的には、まだまだ「三歳児神話」が信じられていた時代でした。周囲の人から「こんなに小さいのに、かわいそう」とか、「あなたは自分の子どもは放っておいて、人の子どもの相談にのるの?」などと言われたこともありました。でも、「子どもの発達のみちすじと保育・教育・子育て」について研究していた私は、自分の子どもはぜひ保育所と一緒に育てたいと強く思っていました。子どもの友だちと保育のプロとしての保母さん(当時の呼称)がいる保育所で、子どもの昼間の活動を豊かにし、その上で家庭でもしっかりと子育てをがんばろうと考えていたからでした。

実際には、仕事と子育てを両立させることは大変です。お父さんお母さんは、このまま仕事を続けられるのだろうかという不安を感じたり、仕事をやめるかどうか葛藤したり、もっと思い切り仕事をしたいと悩んだりすることもあるかもしれません。たとえば、子どもが小さいときは病気もします。実際私も、子どもが熱を出し、夫とどちらが仕事を休むかと喧嘩をしたこともありました。やりたいことを制限しなければならなかったこともありました。子どもの育ちにとっては、手を抜いてはいけないことがあるからです。でも、周囲の仲間の励ましにも支えられながら、さまざまな困難を乗り越えてきました。

子どもが大きくなった今、振り返ってみると、子どもに手がかかる何年間かというのは、本当に一瞬でした。そして、子どもの成長を日々実感することが、親である私にとって仕事をがんばるための支えになっていたようにも思います。

保育所は、保護者の労働保障だけでなく子どもの発達保障の機能を持った専門機関です。働きながら子育てをしているお父さんお母さんは、子どもにとって大切な乳幼児期の子育てを、ぜひ保育所と一緒に頑張ってほしいと思っています。

●子育てに悩んだときには……

子育ては、社会的にとても大切な仕事です。個人的な問題にしてしまってはいけません。子どもと保護者の生活が守られるための制度的な保障も、もっと充実させる必要があります。そして、子育て真っ最中のお父さんやお母さんに対する周囲の人々の温かい理解も必要です。

もし、子育てや生活に困難さを感じたり悩んだりしたときは、いろいろな制度や機関を活用してほしいと思います。保健センター、福祉事務所、子ども家庭センターなど、子育てについて相談できるさまざまな機関があります。最近では、子育てサロン、子育てサポートセンターなど、子育て支援のための場が多様にできてきています。権利の主体者としてそうした社会的資源を積極的に活用し、楽しく子育てをしていきましょう。

おわりに

ずいぶん昔、私は、父である河添邦俊と一緒に『向かい合い子育て』という育児書をまとめました。先日、知り合いの保育士の方から、「ああいう本が、いま必要だと思う。『これを読んで』と、保護者の人に紹介できる育児書がほしい」と言われました。地域のコミュニティが崩壊し、核家族化している中で、お母さんたちに正しい子育ての情報を伝えていく本が必要だということでした。

現在、育児雑誌はたくさん出ています。インターネットでも、いろいろなことを知ることができます。育児情報自体は決して少なくはありません。でも、分散的な情報であることが多いようです。子どもを理解し、子育てのポイントがわかる、体系的に育児情報が得られるような育児書が必要かもしれないと、そのとき、私も思いました。しかし、それが自分の課題だとは考えていませんでした。

そんな折、子ども総合研究所の新保庄三氏より、「保育者が読んでも参考になり、安心して保護者に紹介できる育児書を書いてください」という依頼を受けました。必要性は認識できたのですが、私にとって、育児書をまとめることについてのモチベーションはなかなか高まらず、ずるずると日が過ぎていきました。

そんな私のお尻を叩いて、仕事を進めさせてくれたのが、子ども総合研究所から企画を受け継いだ大月書店の松原忍氏でした。定期的に点検のメールなどもいただくなかで、なんとか出版にこぎつけることができました。松原忍氏には深く感謝しています。

健やかな子どもの育ちのため、子育て真っ最中のお父さんやお母さんたちに、この本を活用していただければ幸いです。

二〇〇八年五月

丸山美和子

著者略歴

丸山美和子

（まるやま・みわこ）佛教大学・社会福祉学部社会福祉学科教授。広島大学教育学部卒業、大阪教育大学大学院修士課程終了後、東大阪市教育研究所研究主事として、発達相談・研究に従事。1988年から現職。
主な著書 『リズム運動と子どもの発達』、『LD・ADHD、気になる子どもの理解と援助』『小学校までにつけておきたい力と学童期への見通し』（以上、かもがわ出版）、『子どものことばと認識』（大保連編・フォーラムA）、『発達のみちすじと保育の課題』（あいゆうぴい・萌文社）ほか多数。

◉企画協力——子ども総合研究所

子育てと健康シリーズ㉗
育つ力と育てる力

2008年7月18日　第1刷発行
2018年8月10日　第11刷発行

定価はカバーに表示してあります

◉著者——丸山美和子
◉発行者——中川　進
◉発行所——株式会社　大月書店
〒113-0033　東京都文京区本郷2-27-16
電話（代表）03-3813-4651
振替 00130-7-16387・FAX03-3813-4656
http://www.otsukishoten.co.jp/
◉印刷——祐光
◉製本——中永製本

ISBN 978-4-272-40327-1　C0337